Marcello Borgese

Rosa Canina

Youcanprint *Self - Publishing*

Titolo | Rosa Canina
Autore | Marcello Borgese
Immagine di copertina | © Peter Wey - Fotolia.com
ISBN | 978-88-91110-60-2

© Tutti i diritti riservati all'Autore
Nessuna parte di questo libro può essere riprodotta senza il preventivo assenso dell'Autore.

Youcanprint *Self-Publishing*
Via Roma, 73 - 73039 Tricase (LE) - Italy
www.youcanprint.it
info@youcanprint.it
Facebook: facebook.com/youcanprint.it
Twitter: twitter.com/youcanprintit

A mio figlio Adelchi che con il suo impeto vitale ha regalato gioia oltre i limiti della sua pur breve esistenza.

"*L'uomo finalmente sa di essere solo nell'immensità indifferente dell'universo da cui è emerso per caso. Il suo dovere, come il suo destino, non è scritto in nessun luogo. A lui la scelta tra il Regno e le tenebre.*"

(Jacques Monod, *Il caso e la necessità*)

L'alba era appena spuntata ed il palazzo del conte Arese di Villalta già si animava di figure illuminate dall'incerto chiarore delle lanterne.
La servitù vociando affrettava i preparativi per la partenza.
La scuderia sembrava una caserma che avesse ricevuto un notturno allarme ed i muli recalcitravano, infastiditi dall'andirivieni di gente che si chiamava e si scambiava ordini mentre legava briglie e morsi.
Uomini e animali, compiutamente preparati e al fine rassegnati, attendevano l'arrivo del conte Euridanio mentre il sole si arrampicava sul fianco della montagna e una sottile fragranza di zagara permeava l'aria.
Bagliori rossastri fluttuavano per le stanze, percorrevano i corridoi, salivano su per i soffitti tra le volute degli stucchi e i ghirigori delle grottesche mentre la luce del giorno avanzava scendendo giù dalla torre della scienza.
La notte finiva così: come finiscono le cose.
Iniziava un altro giorno.
Tutt'intorno si fece silenzio.
Gli alti pioppi ed i sambuchi non mossero foglia e perfino il torrente, già smessa l'irruenza invernale, ammutolì.
I servi, consapevoli della gravità dell'ora, aspettavano immobili trattenendo il fiato.
"M'accompagnerete fin lassù, scaricherete i muli e tornerete indietro".
Euridanio dagli occhi tristi, aveva deciso di vivere per sempre da solo tra i boschi della montagna.
I suoi anni erano quasi cinquanta e altri dieci gli restavano da vivere.

§§§

In quel ventiquattro aprile del 1809 Euridanio Arese di Villalta, in testa alla brigata, si mosse, oltrepassò il cancello, percorse la breve distanza che separava il palazzo dal greto della *fiumara* e puntò a levante per risalire il corso d'acqua.

Gli argini erano asciutti e tra la breccia e l'arena lussureggiava la nepitella che calpestata dai muli spandeva nell'aria il suo odore pungente.

Le foglie dei pioppi e dei sambuchi avevano ripreso il loro incessante moto dopo la pausa, gli uccelli cominciavano a cantare e le lucertole uscivano dalle tane per scaldarsi al sole che nel frattempo, s'innalzava e prometteva d'essere caldo.

Dopo una breve sosta per bere l'acqua fresca della sorgente che gorgogliava tra i massi candidi, la marcia riprese decisa sino alla confluenza della *fiumara Tenopotamo* con la Gnunai. Là vi era uno scontro violento tra i due corsi d'acqua che provenivano dagli opposti fianchi della montagna. In quel punto combattevano una cruenta lotta per l'affermazione della supremazia sul territorio sottostante. Il risultato, di quelle secolari battaglie, era una larga pietraia di forma ellittica entro cui s'incuneava il fianco occidentale del monte.

Si fermarono accanto alla spianata sassosa, dove si estendeva un piccolo altipiano erboso, colorato da fiori d'asfodelo ed acanto e limitato da tamerici sporgenti lungo il margine.

Un pasto frugale, consumato in silenzio: pane, pecorino e olive nere bollite. Poi su, per la montagna, attraverso i castagneti, i lecceti e le impervie brughiere d'erica e corbezzoli tra i quali s'intrecciavano i rovi, la rosa canina e le felci.

La notte giunse quand'erano ormai in una radura circondata da alti faggi e intanto s'era levato lo scirocco d'aprile: forte, irregolare e a tratti violento.

Ripararono sotto i larghi rami dei faggi.

Al mattino i servi lasciarono sacchi e barili, il cavallo e una capretta e andarono via non senza voltarsi indietro molte volte sperando in un ripensamento del conte.

Euridanio, rimasto solo, si guardò intorno pensando a ciò che avrebbe dovuto fare ma non sapeva da dove iniziare.

Mise un poco d'ordine: viveri da una parte, strumenti di lavoro e sementi da un'altra, armi e polvere nel posto più asciutto.

All'imbrunire un telone cerato per tetto, uno per pavimento e pali e ramaglia come pareti.

Esausto ma nel contempo appagato andò a sedersi in cima al dirupo, a contemplare gli spazi che si aprivano giù lungo i crinali fino alla piana ed al mare.

Il giorno dopo si mise ad esplorare a piedi i luoghi vicini per trovare il miglior posto dove costruire un casolare.

S'inoltrò nel bosco che diveniva sempre più fitto quando ai faggi si alternavano i pini, gli abeti bianchi ed i lecci sotto i quali fioriva un rigoglioso sottobosco.

Qualcosa mosse le foglie secche ed Euridanio si tirò indietro pensando ad una vipera, si accorse invece di una stupida quanto innocua salamandra pezzata gialla e nera che restò immobilizzata per la paura.

Il luogo era infestato da queste creature per la presenza, nelle vicinanze, di uno stagno dal quale si ergevano sottili fusti sarmentosi che si aggrappavano ai rami degli abeti e si attorcigliavano ai tronchi.

Centinaia di salamandre posate sulle pietre, sugli assi fradici o sulla terra nera del bosco, lo guardarono indifferenti.

La natura del luogo era aspra ma allo stesso tempo, irresistibilmente attraente poiché l'immobilità e i silenzi di quelle creature rimandavano al mistero della montagna e della natura muta.

Dopo qualche ora, superò un ripido pendio e si diresse verso nord per aggirare un vallone, quando fu attirato da un pianoro assolato che dominava quattro valloncelli sottostanti. Su di esso si stendeva un soffice prato limitato a settentrione da una intricata brughiera e a sud da un costone scosceso mentre sugli altri due lati si aprivano grandi spazi. Lontano in basso s'intravedeva il mare: a ponente quello di Scilla e Cariddi e a levante quello greco d'Omero.

"Il pianoro dei due mari" così chiamò quel posto, mentre assaporava il piacere della solitudine e del guardare con distacco giù, verso la terra degli uomini, dall'alto della cima aspromontana.

Lo scirocco non soffiava più ma aveva impastato l'aria d'umidità. Molte nuvole arrivavano da sud-est e scaricavano acquazzoni pieni di finissima sabbia desertica.

Euridanio sul pianoro contemplava il suo passato con lo sguardo digradante dai pendii fino al ruscello le cui acque precipitavano ignare incontro al futuro.

Da ragazzo, quando scavalcava il muricciolo di cinta del giardino, andava a giocare con i monelli che popolavano l'alveo della *fiumara* che scorreva ai piedi della collina.

Sostava qualche istante prima di saltare, guardava verso i cupi monti ai quali chiedeva complicità e protezione e poi veloce fino al greto dove i giorni erano fatti di luce chiassosa tra le pietre, le brecce e gli scrosci dei gorghi.

Suo padre, il conte Giovanni, non sospettava simili mancanze da parte del figlio maggiore mentre attendeva all'amministrazione del feudo in compagnia del fedele amministratore don Antonio Caravati. Esaminava il gettito delle gabelle sulla *scannatura*, sul pancotto, sulla verdura, sulla foglia di gelso, sui diritti di *catapania* e sull'aggio pattuibile per la tassa della *lue venerea* che di norma fruttava cento ducati annui.

Era feudatario delle terre di Stenopoli, Castel Saraceno, Cinquecasali, Melisacro, Sant'Ilario dei Greci e Grottachiara dello Ionio. Uomo noioso, sempre impegnato a esaminare i libri maestri che don Antonio teneva con cura.

I tempi erano agitati e con essi si agitava anche il conte che aveva intentato lunghissime liti con nobili e galantuomini che avevano trasformato in *"difese"* taluni terreni demaniali dell'Università comunale, privando così la popolazione degli usi civici sugli stessi. Alla fine, infastidito dalle lungaggini, impose con la forza un proprio sindaco e fece restituire al demanio civico molte terre delle quali si erano impossessate notai, speziali ed avvocati. Di certo non perché fosse animato da benevoli sentimenti verso gli abitanti del luogo, ma perché pensava col tempo, di trovare una scusa per riaffermare su di esse antichi, quanto improbabili, diritti feudali.

I villici delle terre *burgensatiche* (beni posseduti a titolo privato dai feudatari) gli portavano un deferente: odio. A tutte le loro petizioni, intese a ottenere l'aumento delle quote coloniche, rispondeva con un "vedremo in seguito....". Ai notabili suoi sostenitori, assicurava invece, alleanze e favori contro i comuni nemici.

Con i suoi tre figli Euridanio, Cosimo e Isabella era un tiranno.

Euridanio però, d'indole ribelle, non sopportava imposizioni di dure discipline. Cosimo e Isabella le accettavano, l'uno perché timoroso, l'altra perché l'indole dolce non consentiva contrasti di nessun genere con le persone.

I tre ragazzi erano affidati alle cure dell'abate don Giacomo Jerocades che li seguiva con dedizione tutto il santo giorno.

Cosimo era diligente con le lezioni, non dimostrava inclinazione per una particolare scienza, mentre in segreto, per non essere deriso dal fratello, si dedicava allo studio degli stemmi gentilizi, delle armi nei secoli e dell'araldica in genere. Era meschino, pronto a fare la spia contro i fratelli sicché molto spesso Euridanio doveva reprimere il desiderio di percuoterlo. Con l'abate si dimostrava puntuale e ripeteva in maniera rigorosa, le cose imparate anche per mettere in risalto la fiacchezza del carattere e l'indisciplina d'Euridanio.

L'abate conoscitore dell'animo umano, apprezzava di più la magnanimità, il coraggio e l'intelligenza viva di Euridanio verso il quale indulgeva non senza imbarazzo, alla presenza di Cosimo ed Isabella.

Nelle controre, quando tutti riposavano e nell'aria si udiva solo il cicalare e il ronzio dei tafani, Euridanio approfittava per dileguarsi e correre verso le candide pietre della *fiumara*.

Le popolane che lavavano o curavano la tela immergendola e asciugandola al sole cocente per decine di volte, lo guardavano stupite ma non osavano richiamarlo poiché anche se fanciullo era pur sempre figlio del conte.

Euridanio dagli occhi tristi vagava per il greto assolato e poi per i vicoli stretti del paese tra schiere delle case piccole della gente minuta che viveva intorno al palazzo.

A valle del ponte, il fiume formava un'ansa sovrastata da un dirupo su cui si ergeva la chiesa della SS. Trinità dal caratteristico campanile a minareto. Nell'angolo più interno dell'ansa, gli abitanti del borgo scaricavano i pitali e ogni altro rifiuto sicché, nelle ore estive di calura, si spandeva un terribile fetore a cui si univa quello proveniente dagli escrementi di capre, maiali e galline che vivevano insieme agli uomini in quei tuguri.

Per la strada maggiore, sulla quale qualche volta si spingeva, transitavano i carri che dai paesi delle Serre portavano granaglie, fieno e fichi secchi.

Dalla carraia polverosa esalava un vago lezzo come di liquirizia in putrefazione proveniente dalla paglia frammista a sterco e urina di muli e cavalli.

Frotte di ragazzi cenciosi si aggiravano in quei luoghi e appena il piccolo conte si avvicinava tacevano, imbarazzati da quella inusitata presenza.

Dopo un paio di sortite cominciò a scambiare qualche parola con quei ragazzi che ogni giorno giocavano tra i sassi e le acque.

Con i loro curiosi vestiti e la sporcizia sedimentata sui visi, davano a Euridanio l'impressione d'essere dei cuccioli di bestie rassomiglianti pressappoco agli uomini.

Il moccio appiccicato al labbro superiore, gli occhi cisposi, i capelli neri impastati di sudore e fango con camicie di tela grezza rattoppate varie volte. Le brache dei più piccoli avevano l'inforcatura tutta aperta, di modo che abbassandosi tiravano subito fuori gli organi pronti per orinare o andar di corpo. Con tale espediente quei bambini potevano soddisfare i bisogni senza spogliarsi. Per pulirsi usavano i sassolini bianchi e rotondi oppure le foglie del sambuco così copioso lungo gli argini della *fiumara*.

D'estate, dove l'acqua del torrente saltava la briglia, quei ragazzi facevano il bagno ma l'acqua non lavava la sporcizia accumulata per tutto l'inverno.

Superate le prime reciproche diffidenze, Euridanio si rese conto che a parte le diversità linguistiche e l'aspetto esteriore quei ragazzi avevano gli stessi desideri e fantasie di gioco e di avventure che aveva lui.

Una delle più grandi differenze consisteva, comunque, nel fatto che nell'invenzione dei giochi ci mettevano sempre l'assalto a qualche albero da frutta poiché erano perennemente affamati. Euridanio perciò cominciò a trafugare dal palazzo ogni ben di Dio che distribuiva con gioia a quei suoi nuovi amici: pane, formaggio, *nduja* .

Giocare con loro era comunque piacevole ed in poco tempo, Euridanio dagli occhi tristi, imparò a costruire arco, frecce e cerbottane per dar la caccia a lucertole, serpi e soprattutto ramarri i quali, secondo i ragazzi, valevano quattrini se portati dal giovane speziale salernitano che li comprava per farci delle medicine pronunciando delle parole magiche: *"similia similibus curantur."*

Nel torrente si affacciavano orti ben coltivati e irrigati con l'acqua che veniva dai mulini e frantoi delle colline.

Frutta e ortaggi erano una continua tentazione per i ragazzi affamati che spesso buscavano bastonate dai coloni che li sorprendevano a rubare.

Quando non era possibile prendere fichi o uva, per la presenza dei contadini, si arrampicavano sui costoni riarsi della *fiumara*, tra i cardi e le pale spinose dei fichi d'India

Raccoglievano i frutti con ingegnosi attrezzi formati da due canne alle quali erano fissati all'una un punteruolo ed all'altra un coltello. Con la canna a punteruolo infilzavano la pala con i frutti e con l'altra la tagliavano da parte a parte.

Quando al calare del sole le ombre si allungavano ed i contorni delle cose non erano più chiari, la *fiumara* metteva paura.

La montagna mandava sua figlia a valle.

C'era sempre qualcuno che distogliendosi per un momento dal gioco e alzando gli occhi coglieva il sole boccheggiante laggiù tra i flutti del mare e allora lanciava l'allarme: " E' notte! Arriva Madrefiumara!".

A quel grido tutti correvano per ritirarsi al borgo, lasciando qualunque gioco per non essere sorpresi dal passaggio di Madrefiumara che si diceva fosse generosa ma severa con i ragazzi insolenti che si fossero aggirati in quei luoghi dopo il tramonto.

Euridanio incuriosito voleva sapere e, Miviano, gli spiegò che Madrefiumara era una donna dal viso di vecchia, ma dal corpo prosperoso e fresco come una giovane sul quale ricadevano lunghi capelli bianchi. Usciva dalle sorgenti e vagava, nella notte, dai monti alla marina per tutto il corso del fiume per riprendere il suo regno che all'alba avrebbe riaffidato agli uomini affinché si servissero dell'acqua, dei sassi, della sabbia, delle anguille, delle trote, delle canne e di tutti i frutti delle sponde.

Però era anche molto permalosa e nell'inverno dal monte scaricava a valle acque vorticose da far sparire ogni traccia della mano dell'uomo dal greto.

A settembre i contadini, che coltivavano le terre sui litorali, costruivano argini, terrapieni e fortini di travi, nella speranza di limitare i danni delle piene rovinose che arrivavano improvvise e con tale violenza da portare a mare ogni cosa. Poi con deferenza buttavano in acqua, offrendoli a Madrefiumara, i frutti migliori degli orti recitando una cantilena:

"Madrefiumara dei frutti va in caccia
salva a tutti e me mi abbraccia
mi sostiene per piedi e per mani
Madrefiumara per oggi e domani."

Imparò molte cose in quelle scorribande estive. Anche a battersi, fare a pugni e tirare di coltello poiché i monelli portavano un serramanico, la cui lama nei duelli veniva avvolta con una cordicella a spirale che lasciava scoperta solo per mezzo dito la punta affinché non potesse penetrare nella carne più di tanto.

Euridanio, suo malgrado, dovette provarsi quella volta che Luino, esagerando nello scherzo, buttò in acqua i vestiti del conte che insieme agli altri faceva il bagno nudo.

Non poteva tornare a palazzo con i vestiti bagnati quindi s'infuriò e senza guardare, partì a testa bassa assestando a Luino un tremendo colpo nello stomaco che lo fece rotolare tra i sassi di granito. Il ragazzo dolorante si alzò e tirò fuori il coltello:

"Ora ti sbudello conte di merda " disse allargando le braccia in posa di duello.

"Aspetta" disse Miviano che era considerato il capo combriccola, "Non vedi che il conte è disarmato? Se vuoi batterti, prima devi abbandonare l'odio come vuole la saggezza e seguire le nostre regole. Entrambi i contendenti devono avere il coltello, al conte presterò il mio. Il duello finisce al secondo colpo andato a segno. Chi becca due colpi perde, un colpo ciascuno è pari e patta. Intesi"?

Euridanio era svantaggiato perché, l'essere scalzo, tra le brecce, gli impediva i movimenti. Luino invece era scalzo tutto l'anno per cui aveva le piante dei piedi più dure del cuoio.

Dopo una schermaglia, durata parecchio, entrambi affondarono i colpi senza successo finché il conte perse l'equilibrio, per la ghiaia rovente e fu colpito da un fendente che gli procurò una larga ma non profonda ferita sulla sinistra del torace. Luino però non ebbe il tempo di esultare, perché Euridanio affondò un colpo dritto che bucò la guancia all'avversario tanto che dall'esterno era visibile un dente.

Miviano a quel punto balzò in mezzo ai contendenti con un lungo bastone e disse:

"Basta è tutto finito. Ora datevi la mano e amici come prima".

Il conte e Luino, con un poco di riluttanza, si avvicinarono e mentre con la mano sinistra si tenevano le ferite, si strinsero le destre e sputarono per terra a significare che rigettavano il contrasto che poco prima li aveva resi nemici.

Mentre i due lavavano le ferite con l'acqua fresca, Fefo corse a cercare delle canne secche, le spezzò e trasse le muffe interne. Poi raschiò col coltello una cinghia di cuoio fino ad ottenere una lanugine che unita alle muffe, fu applicata alle ferite. Il cataplasma si rivelò emostatico e cicatrizzante.

Quella sera il piccolo conte rientrò tardi a palazzo, aspettò fino al calare del sole per far asciugare i vestiti e le scarpe con le sue belle fibbie d'argento.

Mozzi e stallieri tutti sapevano delle scappatelle ma nessuno aveva il cuore di tradirlo poiché egli era sempre così generoso con loro.

Cosimo però, venne a sapere della ferita di suo fratello al torace e l'immediata delazione assicurò ad Euridanio una settimana di segregazione mentre a lui l'occasione di mostrare al padre di quali mascalzonate fosse capace quel primogenito, destinato a reggere un giorno le sorti del feudo.

Al conte suo padre, Euridanio raccontò di una caduta dall'albero in giardino avallata tra l'altro, dalla testimonianza dello␣stalliere Ferdinando.

Il conte non fu severo con il figlio perché si convinse della caduta ma lo invitò a essere più prudente e a dedicarsi di più agli studi anche se segretamente apprezzava quella dimostrazione di ardimento.

Dopo qualche giorno che il ragazzo non andò più per il torrente, annoiato di girare per il palazzo, si recò nelle stalle a trovare il vecchio servitore Ferdinando il quale gli raccontò dei folletti che popolavano le stalle.

"Loro" diceva Ferdinando "escono dalle fenditure di quei grossi muri e sono alti non più d'un palmo. Sono tutti vestiti di velluto di diverso colore e io appunto li chiamo: Verdino, Azzurrino, Bianchino, ma il loro capo è Porporino. Non sono creature malvagie ma spesso fanno i dispetti nascondendo gli oggetti. Riescono per magia a rimpiccolirli e portarseli nelle viscere della terra. Sapete quante selle, finimenti e attrezzi da lavoro hanno rubato quei dannati ma qualche volta riuscirò a trovarne uno e strappargli il cappello".

"Perché cosa succede dopo?". Domandò Euridanio.

"Se vi riesce d'afferrargli il cappello, il folletto si mette a piangere e strepitare e quando alla fine non avrà suscitato in voi la pietà, vi offrirà anche dieci mila ducati pur di riaverlo".

"Ma dimmi Ferdinando, dove abitano questi spiritelli?" .

"Mio nonno mi raccontava che anticamente essi abitavano sui rami degli alberi nei boschi, fino a quando gli uomini non si misero a far legna e frasche. Allora per non essere disturbati si ritirarono nell'antro della Vaga Saba in montagna ma da quell'antro si dipartono migliaia di cunicoli che arrivano in tutti i castelli e palazzi delle colline e della piana. Passando dal sottosuolo ed attraversando i muri possono andare e venire senza essere importunati".

Euridanio ascoltava quelle storie con uno scetticismo ben celato dietro esclamazioni di stupore che invogliavano il servo a raccontare.

Dopo qualche settimana le sortite di Euridanio ripresero e Miviano accolse il suo ritorno abbracciandolo e lo invitò a partecipare a una riunione segreta dei ragazzi che si sarebbe tenuta il primo venerdì del prossimo mese ai piedi del grande olmo, dall'altra parte del fiume, un'ora prima del tramonto.

"Abbiamo apprezzato il tuo coraggio e la tua generosità nel batterti, perciò ti consideriamo degno di entrare a far parte della nostra *famiglia del firri,* cioè de *"I fratelli del Tenopotamo"* .

Luino ti spiegherà alcune regole e se decidi d'essere dei nostri sii puntuale all'appuntamento. Ci sono tante cose che dovrai imparare anche se, tante le potrai insegnare tu a noi poiché in pochi sappiamo leggere e scrivere.

Hai combattuto bene con ardimento ma nella lotta in futuro, devi evitare la collera perché ci è stato tramandato che l'odio ci rende inferiori a qualunque avversario."

Luino dopo aver ricevuto un generico assenso di adesione da Euridanio, lo prese per il braccio e lo sospinse in disparte cominciando a parlare della *"famiglia del fiirri".* Gli disse che potevano farne parte, i ragazzi degni, fino al compimento del diciassettesimo anno d'età, quando cioè si diventa liberi e indipendenti di camminare da soli dal momento che si sono già ricevute la luce e la conoscenza, tramandata da migliaia di anni.

Cresceva sempre di più la curiosità d'Euridanio che era sbalordito dal contrasto della rozzezza dei modi di quei ragazzi con la profondità di taluni pensieri.

"Non spetta a me spiegarti molte cose però posso dirti che la famiglia segue le regole per la salvezza di tutti". Luino parlava come se stesse recitando una parte imparata a memoria e continuò: "Da solo uno è come un agnello nel bosco preda di belve feroci, mentre con gli altri diventa branco di sette lupi e di sette in sette fino a settecento volte sette che è il numero dei cittadini della città del sole e dopo il cammino verso la luce i tanti si fanno uno. Al compimento del diciassettesimo anno d'età ciascuno è pronto per stare solo, anche con la rinuncia e la privazione che sono le cose utili per raggiungere la pienezza completa d'essere un uomo vero. Il mallo nasconde la noce, il riccio la castagna, l'ignoranza invece nasconde l'uomo che c'è all'interno. La famiglia con il suo insegnamento ci aiuterà a liberarci totalmente dalla scorza e diventare uomo. La rosa canina è la pianta a noi sacra ed alla sua natura dobbiamo ispirarci: tra le spine far nascere fiori.

Fondatore della famiglia, nei tempi antichi, fu il Grande Padre Bianco Pittagheagolo che s'alzava dal suolo di una *canna* (unità di misura delle lunghezze) e conosceva tutti i numeri della terra, parlava le parole di seta e ognuna era pesata con bilancia e misura di San Michele Arcangelo. Lui rivelò ai nostri antenati tutta la saggezza del mondo che viene tramandata di padre in figlio da duemila e quattrocento anni.

Tutti i fratelli aiutano gli altri in ogni occasione e dividono con loro ciò che hanno. Ciascuno sceglie un amico, in maniera che tutti i fratelli siano uniti a due a due, secondo le loro affinità e ognuno deve cercare nell'altro le virtù che vuole egli stesso conseguire incitando l'amico a vita migliore.

Qualche volta siamo chiamati anche a compiere atti fedeli alla nostra morale ma contrari alla morale *foresta*, cioè a quella della gente comune, perciò tenere i segreti e non far sapere le cose della famiglia è una delle migliori qualità che si richiedono ai fratelli.

Per non farci capire dai *foresti*, cioè da chi non appartiene alla famiglia, usiamo una nostra lingua particolare che tu imparerai col tempo.

Ti faccio un esempio:
A oscìa è cala e rosata co i so bracciati e i so bianche.
Significa: La montagna è bella e profumata con i suoi alberi e le sue acque. Quando usiamo questo linguaggio noi diciamo che parliamo in *domino*.

La famiglia ti farà diventare *iero,* che vuol dire sacro, dopo che avrai superato diverse prove. La prima che è quella del coraggio, si supera trascorrendo un'intera notte sotto il ponte dalle cui fondamenta viene fuori il cavaliere di ferro che uccide con la spada il basilisco, re dei serpenti, nato da un uovo deposto e covato da un gallo di sette anni. Ogni notte sotto il ponte si ripete la lotta del cavaliere e del serpente che ogni volta muore e risorge.

Tu dovrai assistere alla battaglia. Se scapperai prima dell'alba verrai giudicato debole e non sarai ammesso nella famiglia.

Per la prova morale invece, dovrai camminare lungo l'argine del torrente dal vespro al tramonto, andare ai resti dell'antica chiesa di S. Filippo d'Argirò ed aspettare là. Qualcuno verrà a trovarti.

Ricordati però che per tutto il tempo delle prove, dovrai osservare il massimo silenzio e evitare, quanto più possibile, di parlare con la gente".

§§§

Euridanio superò pienamente la prima prova anche se la notte, passata all'addiaccio, gli procurò il raffreddore mentre per quanto riguarda la battaglia tra il cavaliere e il serpente ne udì soltanto lo strepito, dato il buio assoluto del luogo.

Per la seconda prova dopo nove ore d'attesa, nei pressi dei ruderi della chiesa, comparve Miviano che portava un piccolo fagotto in una mano e una tartaruga in un'altra.

"La prova consiste nel rubare, al buio, un cesto d'olive a Giosuè Sauro. Entrerai nel fondo, raccoglierai le olive da terra una per una fino a riempire il cesto. La tartaruga ti aiuterà in ciò mettendo sul suo dorso una lucerna accesa. Mentre la bestia cammina avanti piano, tu le andrai dietro raccogliendo le olive."

"Ma perché rubare proprio a un povero contadino?" Protestò Euridanio quasi adirato.

"La cosa che devi ben ricordare è che non si fanno domande e si ubbidisce a quello che la famiglia comanda, pensando che questa agisce sempre per la ricerca dell'armonia delle cose.

Per saggiare il grado d'obbedienza, ti si chiede di fare una cosa a te sgradita e non una che ti possa procurare piacere cosa che faresti con facilità. In quanto al povero stai tranquillo, verrà ricompensato tre volte in più del cesto di olive".

Euridanio superò tutte le prove e quindi ricevette l'iniziazione e la conoscenza.

Una delle prime cose che gli venne insegnata fu la legge del castello quadro:

"No primordo è oppidu lato togo, si a tata ca soli ca ortò pisi banti vuti cato sono i soli ca ortò paru, dunga esto paru o primordo oppidu. Quatra è oppidu lato paru u novia e u vintaquich.".

(Un numero è castello quadro cioè potenza al quadrato perfetto, se la somma degli elementi del piede- o base- presi tante volte quanto sono gli elementi del piede stesso, dà un risultato uguale al numero castello. Quattro è castello quadro, così come il nove e il venticinque).

"Nullo gnosa cognire u ortò ca no scolu ca undre tunde late sipe undre unz è oppidu togo".

(Nessuno sa trovare il piede -o base- di un campo di mille canne quadrate giacché mille non è castello perfetto.)

"A tata ca des oppiai lati è paru o oppidu lato ca triedo ianco ranno ca triectos destru".

(La somma di due castelli quadri è uguale al castello quadro del terzo lato grande del triangolo dritto – o rettangolo-).
"U firri si forma zeu se nostroina siamo novia, primordo togo ca unso, ca bonavucca e ca supira ca zittio".
(La famiglia del *firri* si riunisce soltanto se si è in nove che è il numero del mistero, della saggezza e della potenza del silenzio.)
"U primordo no è unsato e ca edo iuntano sani idi o nostroina gnosati."
(Il numero uno è l'ignoto e da esso nascono tutti gli altri a noi noti.)

Per acquistare coraggio in imprese rischiose Miniano, che era tra i pochi a saper leggere e scrivere, segnava sulla terra battuta il quadrato magico:

```
23  23  23  23
58  85  88  55
25  28  28  25
52  82  82  52
```

Dopo aver letto in orizzontale ed in verticale il quadrato magico, bisognava pisciarci sopra per cancellarlo.

Poi con aria circospetta e con voce sommessa quasi per non far sentire quello che stesse per profferire diceva:
"Ecco la regola d'oro:
" Pi sanu novia pisa trie, pi sanu trie pisa zeu no.
Se ca quatra ado aparta dica iuto, ca des ado aparta zeu quiche. U trie e u dica sono e clavie ca delo e nose cacos mastriano cale. Chedu d' è into medo è obbiato paru o ranno e o ninno".
(Per ogni nove ne prendi tre, per ogni tre prendine solo uno. Se da quattro mani togli dieci dita, da due mani togline solo cinque. Il tre e il dieci sono le chiavi del garbo, che le cose

brutte rendono belle. Ciò che sta in mezzo è ugualmente grato al grande e al piccolo).

Euridanio si accorse che molte di quelle verità, regole e conoscenze che ritenevano segrete erano soltanto principi di matematica mentre altre erano stranezze ammantate di magia.

La cosa che comunque lo stupiva molto era il fatto che tutti i ragazzi, anche quelli che non sapevano leggere e scrivere, erano in grado di effettuare calcoli mnemonici anche complicati nonché di ricordare e ripetere serie infinite di numeri e parole. Tutti comunque usavano una maniera strana di dire i numeri nel senso che quaranta era dueventi, settanta cinquantaventi, ottanta quattroventi.

§§§

Dopo aver superato le prove Euridanio fu in modo definitivo ammesso nel *firri* e quella sera di giugno un'ora prima del tramonto, sotto il grande olmo, tutti i ragazzi erano puntuali con il viso lavato e i capelli pettinati.

L'albero frondoso con le sue larghe braccia proteggeva dall'alto quei suoi figli che ad uno ad uno, s'inchinavano con riverenza ai piedi del maestoso tronco e offrivano un pezzetto di pane pronunciando una preghiera:

"Albero della dottrina
Tu sei la casa di Madrefiumara
Tu sei capanna dell'anime sole
dafina (alloro) e vigna son tue sorelle
A te ci asserviamo nelle notti belle."

Miviano chiamò tutti a raduno, allungò le braccia con le palme delle mani all'insù e pronunciò la formula del rito d'apertura parlando in *domino*.

"In questo luogo sacro per esortazione del padre bianco, ci ritroviamo in nove o più di nove e siamo formati e conformati all'albero della dottrina: *tronco, tronchetto, rami, ramoscelli,*

foglie cioè *guida, armonia, conformatori, apprendisti, firraioli"*.
Spiegò quindi come era formato l'albero della dottrina:
"La *guida* (capo) è la stella dei marinai e la cresta della montagna.
L'*armonia* (vice capo) è la bilancia del sapere che le cose brutte le rende belle. Guarda avanti e previene, spiana, arrotonda, smussa, tornisce e dà giusta misura.
I *conformatori* danno consigli, ammaestramenti, suggerimenti, avvisi e insegnamenti ad apprendisti e *firraioli*.
Gli *apprendisti* sono quelli che hanno già superato le prove e sono stati ammessi e accettati nella fratellanza.
I *firraioli* sono i ragazzi in osservazione dei quali si esamina a loro insaputa il comportamento per giudicare l'idoneità alla futura appartenenza."
Il crepuscolo sfoggiava i suoi migliori colori e avvolgeva l'albero, le fronde ed il muro secolare, di fulvi riflessi.

"Ripeti con me il giuramento". Disse Minlano pronunciando solennemente:

"I orcarìu ca sdopro c'u me yermani yustu e non yustu, calò e cacò, copiata e indigenzia. Abborru cu mastria pamità saripozza remagna escà".

(Io giuro di dividere con i miei compagni il giusto e l'ingiusto, il bene e il male, la ricchezza e la povertà. Disprezzo chi compie *infamità* e che possa restare lontano da qua).
Recitato il giuramento, tutti i compagni sfilarono a uno a uno per baciarlo sulla fronte e congratularsi con lui per la nuova condizione assunta e tutti insieme scandirono una specie di litania che conteneva i precetti della fratellanza:
"Onora gli eroi e i saggi e rispetta i giuramenti;

Per amici scegli quelli migliori di te;
Per purificarti digiuna, non dormire, evita la collera e l'oscenità;
Opera secondo le parole e non parlare se non vuoi operare;
Sorte e malasorte ci attendono al bivio;
Le virtù stanno sempre con gli uomini forti;
Apprendi ed agisci col sapere;
O padre bianco che ci hai dato le leggi
Facci salire sul carro di luce".

Prima di passare al rito di chiusura Miviano disegnò per terra due triangoli equilateri aventi la base in comune e tracciò le perpendicolari unendo i punti centrali.

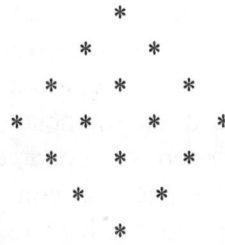

Si fece il segno della croce e disse :
"Inspite des tetraktys anita pi ortò, chedu ca patri e chedu ca pedìa, si cogna o Crucis Cristo de nostroina velamu e scotìmu"
(Nei due triangoli perfetti uniti per il piede, quello dei padri e quello dei figli, si trova la Croce di Cristo che noi baciamo e onoriamo).

Concluse la cerimonia intonando il verso di chiusura mentre gli altri gli fecero coro:
"Sotto l'albero della dottrina
apprendiamo la fratellanza.
Chi si macchia d'*infamità*,

**giuriamo, la pagherà.
Ognuno torni alla sua via
perché s'è sciolta la compagnia".**

Esaurita la liturgia, festeggiarono l'avvenimento mangiando dei dolci al miele e brindando con una buona bottiglia di vino *nerello* trafugata dalle cantine del conte.

Dopo alcuni mesi Euridanio dagli occhi tristi, conosceva tutti i segreti e le regole della famiglia ed era in grado di parlare in *domino*. Attraverso gli insegnamenti del *firri* aveva perso la *"scorza o guda"* cioè l'involucro nel quale sono avvolti i *foresti* estranei alla famiglia. Tolta la *guda* emerge l'uomo vero che sperimenta la fratellanza e la comunione con i suoi pari.

Pochi eletti giungeranno infine allo *iero scolu* sacro grado*)*. Soltanto quelli che sapranno distaccarsi ed essere al fine completamente indifferenti ai loro simili e al mondo per conoscere la solitudine e assomigliare a Dio. Se poi sapranno godere dell'astinenza e della rinuncia, potranno gioire della conquista di un grande potere sul mondo e sulle cose.

Con la solitudine completa e con l'astinenza, potranno ottenere la santità e acquistare la leggerezza che li farà levitare dal suolo. Quando ciò avverrà la rosa canina trasmuterà ogni spina in fiore.

§§§

Della famiglia del *firri* facevano parte soltanto maschi, ma nelle ore di gioco e passatempo tra le acque e le pietre della *fiumara*, era tollerata la presenza di una ragazzina di undici o dodici anni e di due o tre suoi fratelli piccoli che le stavano sempre appiccicati. Si chiamava Tatina, esile, dai capelli crespi e dagli occhi di agata, scalza d'estate e d'inverno. Viso, mani e gambe sempre nere di sporcizia.

Non pretendeva di fare gli stessi giochi dei ragazzi ma sapeva farsi rispettare e quando qualcuno le mancava di riguardo, sapeva usare la *zaccagna* (coltello) abbastanza bene e se non fosse bastato il ferro, con graffi e morsi era veramente insuperabile. Più che un vestito, quello che portava, era un cencio e nessuno avrebbe saputo indovinare il colore originario.

Sua madre era morta di parto, insieme al settimo nascituro. Suo padre faceva lo scaccino nella chiesa di Maria SS. dell'Odegitria e il parroco gli aveva dato in uso una baracca nella quale trovava rifugio la famiglia, l'asino, tre vecchie statue mutilate di San Francesco di Paola, Santa Veneranda e Santa Chiara a mezzo busto e due tele impolverate, il Cristo Pantocratore e la Resurrezione dei morti.

Tatina e i fratellini consideravano quei personaggi raffigurati nelle statue e nelle tele, come dei parenti o in ogni modo delle persone di famiglia: San Francesco di Paola barbuto era il nonno e le due sante e il Cristo degli zii mentre nelle anime che risorgevano, cercavano il volto della madre che avevano appena conosciuto.

I santi però erano gli unici parenti perché il padre scaccino, era trovatello e la madre forestiera. La donna aveva conosciuto il marito a Napoli dove egli prestava il servizio militare con l'esercito borbonico.

Lo scaccino aveva soltanto trent'anni, ma ne dimostrava sessanta con i pochi capelli rimastigli in testa. Alto, sbilenco con dei piedi tre volte più grandi della misura adeguata alla persona, il collo corto incavato nelle spalle ricurve. Quando finiva i lavori in chiesa, prendeva l'asino sul quale caricava due sporte e con i tre figli maschi più grandi girava in tutto il paese alla ricerca di sterco, di cavalli, d'asini, di capre e d'ogni altro animale che avesse lasciato nelle strade le proprie feci. Quando le sporte erano piene, andava dai contadini a vendere il contenuto e quelli lo ripagavano con verdure, frutti e legumi.

Nessuno aveva mai saputo come si chiamasse: "Scaccino" era nome e cognome e "Scaccini" si chiamavano i figli. Nei mesi di gennaio faceva diversi viaggi in montagna, per caricare la neve che portava a valle e che conservava nella neviera scavata in un angolo della baracca. D'estate quando i calori assetavano gli esseri viventi, le bocche si impastavano e le labbra si spaccavano, nei pomeriggi assolati una voce tremula rompeva l'atmosfera quieta del borgo. Era lo Scaccino che annunciava l'apertura della vendita di neve:

"Neve gelata dell'Aspromonte
Venite a comprare gente del ponte
Venite dall'arco, dal borgo o dall'olmo
La neve rinfresca e disseta il mondo
Venite, venite dallo Scaccino
da oggi è aperto il botteghino".

Tutti i venerdì invece, lo Scaccino vendeva il sangue. Faceva il giro dei palazzi di nobili e galantuomini dove i servi macellavano vitelli o maiali per i padroni e raccoglieva due secchi di sangue che vendeva in giro per il paese esortando la gente con il suo canto tremulo:

"Sangue fresco donne!
Nella padella con la cipolla
Sangue fritto e fiasca a tracolla
E se volete bere del vino
Mettete sempre peperoncino".

§§§

In quella estate secca, la *fiumara* si era talmente ridotta da sembrare poco più che un ruscello ai margini del quale pendevano da una parte e dall'altra rigogliose siepi di tamerici, oleandri, veccia e rovi sotto cui si formavano delle verdi gallerie nelle quali i ragazzi potevano camminare nascosti dagli occhi dei grandi e all'ombra.

Quando arrivò Euridanio molti dei suoi amici erano all'imbocco della galleria e ognuno teneva in mano della frutta, una pera, un grappolo d'uva, dei fichi.

" Cosa c'è? ". Chiese Euridanio.

Invece che una risposta, gli amici cominciarono a sorridere, a guardarsi negli occhi, ammiccando e a darsi degli spintoni.

"Insomma cosa è successo?" Si può sapere perché siete così animati?".

" Niente d'importante .." continuò Miviano ".. Tatina è giù in fondo alla galleria e noi entriamo a uno a uno e lei ci fa vedere la sua ....eh ... quaglia e ci accarezza l'uccello. Quindi ognuno per sdebitarsi le regala della frutta. I suoi due fratellini li ha portati Luino giù per farli giocare con i girini. Tra poco, Nico gli darà il cambio. Ecco è uscito Gengio vai tu, vai tu Euridanio! ".

Restò perplesso non era una cosa che gli piaceva ed entrò controvoglia.

Tatina era seduta su una pietra e quando vide Euridanio disse: " Quale onore mi fai signor conte". E si tirò su quel vestito dall'incerto colore e mostrò il pube intorno a cui si notava una rara peluria da adolescente. Le gambe erano bianche ma dalle caviglie in giù erano nere di sporcizia.

"Fammi vedere il tuo uccello". E fece per avvicinarsi ma, Euridanio si scostò e disse: "No lascia stare, non si fanno queste cose". E si avviò verso l'uscita.

Era sopraffatto da un sentimento di pietà e allo stesso tempo di rabbia, non capiva, ma quella cosa non gli piaceva. Non era un gioco. Tatina lo faceva perché aveva bisogno di quel cibo per i fratelli. Uscì di corsa mentre gli amici lo richiamavano stupiti per l'improvviso abbandono del campo.

Mentre Euridanio scendeva verso la *fiumara*, li sentì ridere e sghignazzare alludendo a un suo possibile spavento per aver visto la *quaglia* per la prima volta.

Dopo qualche settimana, i ragazzi erano intenti a tagliare e ripulire canne con le quali, a ridosso del costone d'arenaria, costruivano un loggiato che doveva costituire la sede del *firri* nelle ore calde del giorno.

Lavoravano con fervore al nuovo gioco che li riempiva d'entusiasmo, mentre i coltelli mandavano bagliori troncando le canne e mozzandone le cime.

Issarono le tre pareti con lo spazio per la porta, mentre la quarta parete era costituita dal costone d'arenaria.

Luino, intento a tagliare canne, abbassò lo sguardo e vide sulla gamba di Tatina un rigagnolo di sangue vivo che in fondo alla caviglia diventava scuro.

" Ti sei tagliata?" Esclamò. "Guarda, hai del sangue su tutta la gamba".

" E' vero! Ma non mi fa male". E così dicendo si tirò su il vestito e s'accorse che il sangue veniva dal pube. Allora si mise a piangere e strillare e intanto i ragazzi accorsero incuriositi per verificare l'incidente.

"Dai non piangere". Disse Miviano. "Forse non è niente, andiamo vieni che ti portiamo da Rosa Tracieloeterra. Vedrai che ti guarirà".

Due la sorreggevano per le braccia come se fosse impedita di camminare ed Euridanio prese per mano i suoi due fratellini e andarono ansiosi in processione verso il paese.

Rosa stava filando e teneva nella mano sinistra la conocchia con la stoppa e con la destra faceva girare il fuso. Quando vide i ragazzi arrivare intuì che cercavano aiuto posò gli attrezzi e gli andò incontro.

"Rosa!" Esclamò Miviano " Guarda la povera Tatina, perde sangue dal pube. Può morire?".

"Non vi preoccupate ci penso io, non c'è nulla di grave: Adesso voi potete andare, lei resta con me e vedete che tra poco le passerà ogni male". Prese per mano Tatina e si chiuse in casa con lei.

I ragazzi uscirono dalla casa di Rosa e aspettarono all'angolo per oltre mezzora quando Tatina arrivò tranquilla e pronta a riprendere i giochi.

"Allora?". Domandò Miviano. "Cosa ti ha detto Rosa?".

"Sono segreti di donne non posso parlare con i maschi di queste cose".

Cominciarono ad innervosirsi. "Ma, che vuol dire cose di donne?". Fece Gengio.

" Non fare la misteriosa, altrimenti non ti facciamo più giocare con noi. Capito?". Vociò Nico.

" Vogliamo sapere cosa ti è successo così al bisogno, possiamo aiutarti meglio". Rispose Euridanio.

" Niente, mi ha detto che la natura manda queste cose alle ragazze cosicché si formano il corpo da donna. Con la perdita di sangue, i muscoli, le vene, le ossa e tutte le parti del corpo si conformano all'essere femmina".

"Allora, pure a noi dovrà venire il sangue all'uccello per formarci il corpo da uomo?". Domandò Nico.

"No, per voi non c'è bisogno. Solo per noi femmine, la natura ha previsto queste cose".

Quell'accaduto aveva lasciato delle perplessità in tutti i ragazzi e anche in Euridanio che, tornato a palazzo, andò nella biblioteca e si mise a spulciare i libri d'arte medica finché trovò conferma delle parole di Tatina.

§§§

Il giorno seguente a qualcuno venne in mente di scavare la parete d'arenaria in corrispondenza del loggiato. La roccia friabile cedeva sotto i colpi dei coltelli e delle pietre e si disgregava in finissima sabbia, di quella che i muratori del luogo chiamavano *tonica* perché usata per gli intonaci impastata con la calce.

Scavarono per una settimana accumulando la sabbia di risulta al di fuori del loggiato. Completarono una caverna abbastanza ampia da contenere tutta la comitiva che ritrovandosi al coperto gioiva del proprio lavoro.

Con l'acquazzone settembrino, la temperatura si era abbassata ed era un piacere ritrovarsi al chiuso sotto la volta di sabbia compatta.

Miviano, Euridanio, Luino, Fefo, Tatina e gli altri si guardarono negli occhi e ridevano mentre fuori infuriava il vento e l'acqua, si sedettero su dei sassi e cominciarono a giocare con l'astragalo.

A ogni faccia dell'osso era assegnato un simbolo: re, mazza, guerra, vuoto. I giocatori erano tre per volta di cui uno, il re, era assegnatario di uno scettro di legno, uno teneva la mazza, fatta con un tronchetto di fèrula e il terzo lanciava l'astragalo. Se veniva la figura del re, il reggente cedeva lo scettro al tiratore, se veniva la figura della mazza questa gli era ceduta e se invece veniva il segno di guerra, il re stabiliva quante mazzate doveva ricevere il tiratore dal mazziere. Se infine veniva il vuoto si ripeteva il tiro.

Al quarto tiro Tatina, che aveva lo scettro, comandò dieci mazzate per Fefo e siccome il mazziere di turno era Luino che ci metteva passione, alla seconda mazzata la vittima scappò verso l'interno della galleria per sfuggire ai colpi e alla fine andò a battere la testa sulla volta.

Tutti ridevano quando dall'interno, l'arenaria cominciò a cedere sulle loro teste.

"Scappiamo la galleria sta crollando!". Gridò Euridanio.

Tra le grida cercarono di precipitarsi all'esterno mentre Fefo e Luino restarono imprigionati sotto la sabbia. Tatina fu colpita alla spalla da un sasso venuto giù dalla parete e cadde da un lato. Fefo non si vedeva e di Luino affiorava appena soltanto la testa.

Euridanio e Miviano cominciarono a scavare con le mani e tirarono fuori Luino il quale sputava sabbia e si teneva la gamba lamentandosi.

Lavorarono ancora per tirar fuori Fefo ma quando comparve il capo e le spalle, il corpo era già inanimato.

Qualcuno gridò: " E' morto! E' morto!"
" Non si sa." Disse Miviano. " Portiamolo in paese".

In quattro se lo caricarono sulle spalle e si diressero di corsa verso il paese.

Arrivarono dallo speziale di Salerno e lo adagiarono per terra sul tappeto.

"Presto una medicina per il nostro amico." Disse Miviano con affanno. Lo speziale esaminò il corpo e il volto smunto del ragazzo, gli toccò il polso e disse: " Non ha bisogno di medicine è morto. Chiamate i parenti".

Nel frattempo Euridanio era rimasto con Tatina che si lamentava per la botta alla spalla e con Luino che non riusciva a camminare.

"Appoggiati a me.." disse Euridanio "..ti porto da Rosa Tracieloeterra. Vieni Tatina, vieni anche tu".

Rosa pettinava la lana e quando vide i ragazzi, con fare lento si alzò, gli andò incontro e fece sedere l'infermo dolorante. Toccò la gamba:

"E' rotta. E' necessario che venga immobilizzata".

Uscì fuori con una roncola in mano e raccomandò di non muoversi che sarebbe tornata subito. Tornò con delle verghe di ulivo dritte e dure che tagliò a misura della tibia di Luino, ne fece delle stecche che legò alla gamba. Poi fece un infuso di rosolaccio e glielo diede da bere.

" Il dolore tra poco si calmerà. Ma tu figlia mia " disse rivolgendosi a Tatina, "fammi vedere che cos'hai". E si avvicinò per guardarle la spalla ch'era gonfia.

"Non è niente". Disse prendendo un unguento da un canestro appeso alla trave della capriata.
" Ti metto un poco di questo e vedrai che passerà tutto."
Mentre Rosa spalmava il balsamo, un grido terrificante uscì dalla bocca di Tatina che guardava gli occhi di Rosa.
"Cosa c'è? Cosa c'è ? ". Chiedeva Euridanio impaurito.
" Vedi! Negli occhi di Rosa ho visto il volto di Fefo. Fefo è morto, è morto. La sua anima cammina negli occhi di Rosa". E proruppe in un pianto che durò non solo fino al ritorno a casa, ma per ben trentatré giorni mettendo in ansia i fratellini e lo Scaccino.
Il trentatreesimo giorno Rosa andò alla baracca dello Scaccino dove Tatina era rincantucciata e le disse: " Da oggi Fefo è in paradiso con gli altri angeli non piangere più!".
La ragazza si alzò si asciugò gli occhi, tirò su col naso e uscì serena in cerca degli amici.

§§§

Era dicembre inoltrato ed Euridanio dormiva d'un sonno leggero quando fu svegliato dallo schiamazzo proveniente dal giardino. Aprì gli occhi e porse l'orecchio. Lo stalliere Ferdinando ad alta voce richiamava l'attenzione degli altri servi: " E' già arrivata alla masseria del Fico Bianco! Presto scendiamo al ponte. Portiamo corde e scale . Mirco, tu e Pietro andate ad avvisare la gente del rione Timpa mentre Paolo e Arturo andranno al rione Mulino dall'altra parte della *fiumara*. Fate sfollare tutte le case delle due sponde. Presto! Andate!".
Nel silenzio dell'alba un rumore cupo scendeva dalla montagna accompagnato da grida di terrore e di disperazione: " Scende la *fiumara*! Scende la *fiumara*!".

Una massa d'acqua limacciosa trascinava macigni che rotolavano fragorosamente ma anche alberi, mucche, capre e pastori sorpresi dall'irruenza della piena.

Euridanio quando si rese conto di ciò che stava succedendo saltò giù dal letto, si vestì in fretta e fu subito in giardino. I servi stavano già scendendo con corde e scale verso la sponda destra e li raggiunse di corsa.

Era ormai giorno quando sei o sette attraversarono il ponte che tremava agli assalti dell'acqua che contro i piloni di legno menava macigni rotolanti. Con le corde tenute da una parte e dall'altra gli uomini trattenevano gli alberi e gli animali che la corrente portava, e li spingevano nella gora dove la piena si biforcava e la velocità diminuiva.

Verso il vespro la furia dell'acqua diminuì, gli uomini erano stanchi ma avevano recuperato legna per tutto l'inverno, diciotto capre e sette maiali che anche se morti erano buoni da mangiare.

I corpi di due pastori furono ritrovati soltanto tre giorni dopo lontani due miglia oltre l'abitato, tra la giunchiglia della sponda sinistra.

Della chiesa di Maria SS. dell'Odegitria, costruita su un terrazzo che si affacciava sulla *fiumara*, restò soltanto un muro perimetrale e l'altare. Era stata completamente inghiottita e portata via insieme alla baracca dello Scaccino.

I bambini con Tatina, erano rimasti incolumi perché svegliati e tratti in salvo dai servi del palazzo mentre dello Scaccino non si ebbero più notizie.

Qualcuno l'aveva visto la sera prima ubriaco accovacciato sotto un pilone del ponte e quindi si dedusse che fosse annegato. Infatti dopo qualche mese giunse la notizia dalla marina, del ritrovamento di resti umani, irriconoscibili, sulla spiaggia.

Euridanio in quella occasione si diede da fare, aiutò a spingere i tronchi nella gora e a passare e tirare le corde, sotto gli occhi sorpresi degli uomini che dimostravano d'essere orgogliosi di un padroncino così intraprendente.

Passata la tempesta, la gente si aggirava lungo le rive e per le case ch'erano state allagate: valutava i danni, piangeva o compiangeva senza parlare. Incontrandosi si scambiava sguardi sconsolati, si faceva un'alzata di spalle e si diceva: " Cosa possiamo fare? Calati giunco che passa la piena. Noi sempre giunco siamo".

Ferdinando portò gli orfani dello Scaccino al palazzo e il conte Giovanni, anche se a malincuore, consentì di alloggiarli nella stalla.

Nei giorni che seguirono, l'acqua color del fango, divenne verdognola e quando la portata diminuì di molto, tornò chiara, incolore ed amica come sempre. Forse perché rabbonita dalle offerte che la gente, di nascosto del prete faceva a quella madre che ogni tanto si adirava con i figli.

La scomparsa dello Scaccino commosse il buon don Girolamo Attiliano il quale, si offrì di sostenere le spese per un funerale degno d'un galantuomo. Fece venire da Pezzino le prefiche le quali percorsero venti miglia a dorso di mulo per giungere a Stenopoli.

Nel cortile di Palazzo Attiliano fu allestito il catafalco e intorno a esso si disposero le prefiche con i capelli sciolti, una lunga veste nera e uno scialle viola mentre accanto ad esse sedevano i piccoli Scaccini.

A mezzogiorno cominciarono a cantare le lodi dello Scaccino che non avevano mai conosciuto, intervallando gesti di disperazione.

" Figlio bello!
Figlio laborioso
Padre e marito garbato
Antenna di nave
Quercia di bosco

Muro di pietra
Figlio che mala sorte!
Chi sfamerà quest'innocenti?
No! Non è possibile!
Diteci che non è vero.
Morte prostituta, non vedevi ch'era ancor giovane?
Figlio che brutto destino.
Destino faccia di pietra.
Destino cuore di ferro.
Figlio eccoti il soldo.
Paga il nemico e trascendi".

Dopo qualche mese l'abate Jerocades si occupò dei piccoli Scaccini che fece ricoverare nell'Orfanotrofio tenuto dalle clarisse mentre Tatina, ripulita e vestita come si deve rimase a servizio al palazzo.

§§§

Era la festa dei morti quando Miviano prese in disparte Euridanio e gli disse: " Tu sai cosa vuol dire le *olive libere*?".
" No. Non so cosa significhi". Disse Euridanio.
" Devi saper che fino al quindici ottobre d'ogni anno, tutta la gente del paese può andare a raccogliere le olive cadute per terra in qualunque fondo, sia esso allodiale o universale. Però se le guardie sorprendono qualcuno a raccoglierle dopo tale data, sparano a vista. Ecco perché si dice *olive libere* perché ognuno può servirsene. Questa è una tradizione antichissima. Ma il quattordici ottobre è passato e molta gente ha proprio bisogno di mangiare quindi noi vorremmo fare di tanto in tanto un *gratto* (furto) di olive ai danni dei fondi di tuo padre".
"Avete ragione verrò anch'io con voi".
"No! Euridanio lascia stare è molto pericoloso perché le guardie se ci beccano sparano".

"Se rischiate voi non vedo perché non possa rischiare anche io. Quando sarò io feudatario non sarà così, vedrete".

" Bene se proprio sei sicuro di volerlo fare fatti trovare dopo la mezzanotte ai ruderi di San Filippo d'Argirò. Ricordati che quando si va per un *gratto* il nostro impegno è: dovunque e comunque. Nessuno si tira indietro per nessun motivo. Solo la congiunta decisione della *guida* e dell'*armonia* possono cambiare propositi".

" A mezzanotte sarò là ". Disse Euridanio.

Una pioggia fine inzuppava uomini, piante ed animali.

La famiglia riunita partì.

Coperti con tabarri di lana grezza, i ragazzi camminavano seguendo la luce della lanterna in mano a Miviano. Luino portava sotto l'ascella la tartaruga.

Attraversarono il torrente e imboccarono un trattura. Euridanio aveva stivali e calde calze di lana pettinata, i ragazzi invece portavano rudimentali calzettoni d'orbace e tenevano i piedi infilati in zoccoli di legno fermati alla caviglia con lacci di canapa. Attraversando le buche fangose, l'acqua inzuppava l'orbace e i piedi diventavano pesanti e freddi.

Marciarono per più di tre miglia per arrivare all'uliveto Fiolli su un esteso altipiano. Gli alberi era giovani ma l'annata era carica e per terra le olive si ammucchiavano, tirate giù dal forte vento dei giorni precedenti.

I ragazzi si allacciarono alla cinta i grembiuli forniti di tasca, sistemarono la lanterna sul dorso della tartaruga e seguirono l'animale in movimento raccogliendo le olive mature e fredde.

Sisso diede un grembiule anche a Euridanio il quale cominciò a raccogliere con le gambe divaricate e la schiena piegata imitando i compagni.

Il lavoro era faticoso, le dita gelavano e dalla bocca usciva un fiato fumoso che si spandeva intorno.

Quando la tasca era piena si svuotava mettendo le olive nei panieri di vimini.

Albeggiava quando Miviano spense la lanterna e disse che bisognava andare prima che arrivasse qualcuno.

I ragazzi si raddrizzarono indolenziti e cominciarono a stirarsi con le mani alla schiena, quando Euridanio intravide da lontano le guardie con il cane.

"Scappiamo! Arrivano gli sbirri! ".

Si acquattarono perché non erano stati veduti ma per allontanarsi non c'era scampo li avrebbero visti.

" Io e Luino faremo da esca e li attireremo addosso a noi, voialtri invece scappate. Mi raccomando Euridanio guidali tu".

Così disse Miviano mentre si allontanava con Luino e d'un tratto si misero a correre. Le guardie da lontano li videro e gli tennero dietro. Quando guardie e ladri erano lontani Euridanio e gli altri si allontanarono silenziosi con il loro carico.

I due ragazzi corsero per un'ora, ogni tanto sentivano esplodere colpi di fucile sparati contro di loro e si abbassavano anche se erano troppo lontani per essere colpiti. Finalmente arrivarono ad un vallone nel quale scorreva un ruscello sulle cui rive prosperava una fitta boscaglia. Entrarono nell'intrico di salici e rovi e restarono immobili inginocchio fino al tardo pomeriggio. Stavano defecando con le brache appena scese quando arrivò un grosso cane lupo che iniziò ad abbaiare e si avventò su Luino. Miviano prese allora un bastone e colpì sulla testa l'animale che emise un guaito mentre Luino afferrato il coltello lo pugnalava sul collo. Lasciata così la presa della gamba di Luino, si allontanò barcollando finché cadde esangue.

I ragazzi allora risalirono il vallone e camminarono per circa cinque o sei miglia finché aggirarono verso sud-ovest gli uliveti per rientrare in paese dalla parte inversa da dove erano usciti.

Era già buio da un pezzo quando rincasarono e seppero che il carico era arrivato in porto senza problemi.

§§§

"Ragazzi.. ragazzi...venite a vedere Mila la moglie del vetturale, sta andando da mastro Ràfilo l'*agragnaro*" (vasaio) gridò Luino al gruppo che era intento a giocare con l'astragalo. " ..ha una pignatta in mano e ha detto alla vicina di casa che deve comprarla nuova".

Tutti sapevano che quando il marito mancava, la donna trovava delle scuse per andare alla bottega di mastro Ràfilo che si trovava sulla sponda destra della *fiumara*.

Era una costruzione molto singolare costituita da una torre quadrata alta più di cinque canne senza tetto, accostata, dalla parte di levante, alla collina sicché salendo sulla spianata di questa ed affacciandosi al muro che si ergeva per due braccia da terra, si poteva guardare dentro la torre nera di fuliggine.

Nei tempi antichi la torre faceva parte del sistema di fortificazione della città, successivi sconvolgimenti avevano cancellato quasi tutto lasciandola indenne: quadrata, tozza ma solida.

In una piccola costruzione adiacente e comunicante con la torre, v'era la fornace dove si cocevano i pezzi già lavorati e formati dalle mani del vasaio.

Al centro della torre c'era un enorme mortaio in pietra granitica nel quale pescava un pestello di bronzo, intorno uno sull'altro, con la bocca all'ingiù, i prodotti finiti della lavorazione: tegami, conche, brocche, giare.

I fratelli del *firri* al richiamo di Luino corsero su per la collina e arrivati al piano salirono sul muro della torre e cominciarono a spiare giù lungo le pareti fulligginose.

Mila si fermò sulla porta d'ingresso della torre e chiamò: "Mastro Ràfilo, mastro Ràfilo, dove siete? ".

"Eccomi vengo ma.." rispose l'*agragnaro* affaccendato davanti alla bocca della fornace
" ..entrate, ed attendete un momento".

Dopo qualche istante arrivò con i piedi nudi ricoperti da uno strato d'argilla solidificato, le brache fino al ginocchio e un logoro grembiule di cuoio appeso al collo. Scaglie di creta asciutta impastate tra i capelli li coloravano di grigio-argento. Le braccia con le maniche della camicia arrotolate, sembravano posticce, di terracotta e appiccicate malamente al corpo con misterioso mastice.

"Eccovi mastro Ràfilo mi servirebbe una pignatta nuova, vedete bene che questa ormai è andata perché il manico s'è spezzato".

" Non preoccupatevi Mila quando il manico manca, qualcuno ci deve pensare e io sono qua per questo. Fatemi vedere volete una media o una piccola dato che non avete figli e di famiglia siete solo in due". Così dicendo il vasaio si avvicinò alla donna sfiorandole il seno con il gomito.

"Avete ragione mastro Ràfilo forse una pignatta piccola è meglio di una grande che non abbiamo mica l'esercito da sfamare".

La donna dopo il contatto del seno con il braccio, protese ancora di più il petto quasi a cercare una nuova aderenza mentre il respiro le si accorciava. Il vasaio allora non si fece pregare e l'abbracciò cominciando a frugare sotto le vesti. Poi la sospinse verso una specie di lettiera posta in un angolo.

I ragazzi che da sopra assistevano allo spettacolo sgranarono gli occhi e si eccitarono alla vista delle bianche cosce di Mila. Qualcuno cominciò a toccarsi, altri soffocarono risate che alla fine esplosero in fragorosi sghignazzi che ruppero il silenzio.

Gli amanti scoperti si rialzarono, Mila cercò di ricomporsi mentre il vasaio tiratosi su le brache uscì imprecando :" Figli di una scrofa rognosa se vi prendo vi rompo la schiena. Possa una peste nera distruggervi e ammorbare anche le vacche che vi hanno cacato!".

Così imprecando salì per la collina raccattando pietre per tirarle dietro ai ragazzi che cominciarono a scappare in tutte le direzioni. Un sasso colpì alla testa Luino che però continuò la corsa per non essere acciuffato.

Si ritrovarono tutti sotto il ponte e ancora ridevano sguaiatamente e rifacevano il verso a Mila e a Mastro Ràfilo.

Luino però aveva gli occhi lucidi e toccandosi la ferita dietro l'orecchio destro ritrasse la mano tutta insanguinata. Il taglio provocato dalla sassata era abbastanza profondo.

Come al solito Rosa Tracieloeterra fu cerusico e speziale, applicò un cataplasma astringente e cicatrizzante e fasciò la testa di Luino con una pezzuola di lino. Il rimedio non risparmiò molti giorni di febbre e mal di testa al ragazzo che giurò di vendicarsi del vasaio.

Qualche mese dopo in una riunione della famiglia del *firri,* Luino espose il suo intento di vendetta e chiese l'aiuto dei fratelli. Alcuni diedero subito la loro adesione altri mostrarono titubanza in quanto alla fine erano stati loro a dar fastidio al vasaio e questi si era soltanto difeso. Si decise comunque di far pagare un prezzo al vasaio che aveva procurato quella brutta ferita.

Miviano stava in silenzio con le braccia conserte, assorto nei suoi pensieri finché disse: "Ebbene, la notte del trentatreesimo giorno da quello in cui il vasaio ferì Luino, puniremo il colpevole con una pena adeguata all'azione condotta contro uno dei nostri membri. Una pena che non sia né troppo gravosa né troppo lieve. Per ogni giorno di febbre di cui ha sofferto Luino, ruberemo tre terraglie che romperemo a sassate davanti al portone della torre quadra. Dopodomani a mezzanotte ci incontreremo sul terrapieno dovremo procurare una fune lunga almeno sette canne e una sporta. Tu Sisso dovrai portare tuo fratello piccolo perché è indispensabile".

" Ma mio fratello Marietto è troppo piccolo non posso portarlo con me a mezzanotte, si addormenterebbe stando in piedi e poi a casa si accorgerebbero della sua assenza".

" Caro Sisso lo farai dormire di giorno in maniera che la sera non avrà sonno, anzi ti procureremo un pozione soporifera. Per quanto riguarda i tuoi come pretendi che si accorgano della sua assenza se tua madre è talmente stanca che s'addormenta col pane in bocca e tuo padre è così ubriaco che non trova la strada di casa? Non preoccuparti andrà tutto bene e Luino avrà la sua soddisfazione".

La sera del trentatreesimo giorno, la luna splendeva sul terrapieno e illuminava la bocca della torre mentre a testa bassa i fratelli arrivavano a uno a uno e si sedevano alla destra e alla sinistra di Miviano che parlò loro con brevi cenni: " La corda è qua, la sporta pure quindi possiamo cominciare".

Marietto vispo come al solito guardava suo fratello e gli amici più grandi con aria interrogativa ma senza paura.

Legarono la fune ai manici della sporta nella quale fecero entrare il bambino, poi calarono la sporta giù nella torre fino a toccare terra. Marietto agile come una lepre, uscì fuori e cominciò a riempirla di pignatte, conche e tegami di terracotta. Quando fu piena fece cenno di tirare su, venne svuotata e rimandata d'abbasso per essere ancora riempita. Alla fine venne calata vuota per tirare su Marietto .

Le terraglie vennero schierate sul portone della torre e frantumate a colpi di pietre dalla distanza di venti passi.

§§§

Lungo il torrente, per diminuire la velocità dell'acqua, le donne disponevano sassi e scogli a corona per formare piccole gore nelle quali lavavano i panni.

C'era posto per tutte ma nelle giornate di canicola verso la controra, scoppiavano quotidianamente baruffe che si concludevano con morsi, ceffoni e graffi.

Euridanio e gli altri accorrevano alle prime grida per non perdere lo spettacolo. Tena si tirava su le vesti, saltava addosso a Lisina per afferrarla per i capelli e giù a rotolarsi nell'acqua e tra i sassi con spruzzi che si spandevano in ogni direzione. Alla fine della zuffa mentre si riaggiustavano, le ostilità continuavano con imprecazioni, insulti e reciproche maldicenze anche a carico dei parenti più prossimi.

Il rancore però non durava molto, dopo qualche giorno le contendenti iniziavano a salutarsi con un ghigno e poi via, via a rivolgersi la parola come se nulla fosse accaduto.

Non era solo la contesa per il sasso su cui lavare, ad accendere la miccia della discordia e della violenza tra le donne, anche i litigi dei bambini erano spesso occasioni per diverbi accesi tra le rispettive mamme che prendevano le parti dei figli.

Quando le donne litigavano, gli uomini non intervenivano mai né per separare né per difendere le loro mogli, sorelle o mamme. Solo altre donne potevano dividere le contendenti.

Ma anche le risse tra uomini erano tutt'altro che rare e naturalmente erano più violente e si concludevano sempre con ferimenti spesso gravi, provocate da accette, roncole o coltelli a serramanico.

Un pomeriggio come gli altri, Euridanio e i ragazzi giocavano tra le pietre e le acque della *fiumara* mentre Melechio un tipo longilineo, dal viso asciutto e il mento largo, prendeva il fresco seduto sotto i pioppi quando spuntò Minoso che impugnando un'accetta gli si avventò contro colpendolo di striscio alla testa in modo tale da far volare una ciocca di capelli. Il ferito un po' stordito ebbe in ogni modo la capacità di alzarsi e scappare mentre Minoso nel rincorrerlo cadde inciampando nei sassi. Tanto bastò per dare alla vittima il tempo di dileguarsi.

Minoso si rialzò e notata l'impossibilità di raggiungerlo, sfogò la sua ira contro il cane di Melechio che gironzolava là intorno facendolo a pezzi.

"Avrò l'occasione di fare altrettanto al tuo padrone! Quel vigliacco, ladro ha deviato il fosso nella giornata in cui l'acqua per irrigare toccava a me".

I ragazzi assistettero alla scena senza fiatare poi, quando l'uomo si fu allontanato scavarono una buca sull'argine e vi seppellirono i resti grondanti sangue della povera bestia.

Un giorno di settembre carico d'umidità, la pioggia scendeva svogliata e intrideva ogni cosa. I ragazzi stavano terminando, per gioco, la costruzione di una capanna con l'intreccio di canne e verghe d'olivastro, quando videro avvicinarsi di corsa un uomo tutto sudato con i vestiti stracciati e imbrattati di sangue che gli sgorgava dal braccio sinistro.

"Ragazzi.." disse l'uomo trafelato "..sono inseguito dalle guardie. Vi prego andate da mia moglie, ditele che andrò latitante in montagna e di venire domani sulla radura di Tre Pizi e di portare qualcosa da mangiare, vestiti e coperte".

Euridanio si offrì di avvertire lui la donna facendo finta di passeggiare per la strada dove abitava così che gli sbirri, non avrebbero mai sospettato di una qualche relazione tra il figlio del feudatario e la famiglia di un ricercato.

Maria riconobbe il ragazzo dalle vesti e restò sbalordita nel vedersi avvicinata dal piccolo conte che, insieme ai figli dei bifolchi, offriva il suo aiuto a un fuorilegge che, non solo si era rifiutato di pagare le tasse, ma aveva picchiato a sangue una guardia. La donna appena messa al corrente della missiva del marito, cominciò a piangere in silenzio e fu colta da tremore, tanto che Euridanio per calmarla disse:

" Non preoccupatevi Maria. Voi restate pure a casa. Andrò io con i miei amici in montagna a portare qualcosa a vostro

marito. Dateci soltanto qualche vestito per il resto ci penseremo noi".
"Vi ringrazio signor conte ma mi fate una grande carità. Ecco vedete tutti questi bambini piccoli. A chi potrei lasciarli in custodia per allontanarmi un intero giorno? Voglia il Signore ripagarvi mille volte in più la benevolenza che mi dimostrate".

Rientrò a palazzo che era già notte e s'introdusse furtivamente nelle cantine dove riempì un sacco con formaggio, lardo, stoccafisso e pane biscottato. Portò l'involucro in giardino e lo nascose sotto il muretto pronto per portarlo fuori l'indomani mattina.

All'alba Miviano lo aspettava già di là dal muro di cinta.
" Dammi il sacco lo porto io".
"Non sono già stanco". Disse Euridanio "Siamo appena all'inizio del viaggio".
" Va bene". Rispose Miviano. " Però quando ti stanchi me lo darai".

L'aria era ancora carica d'umidità e dalla piana salivano verso i contrafforti brume dense che s'insinuavano tra i rami, i sassi, gli uomini e le cose intorno, ovattando e zittendo la natura.

Camminarono per oltre quattro ore, quando giunsero ai piedi della collina alla cui cima s'intravedevano delle formazioni calcaree somiglianti a tre colonne di un antico tempio.

Prima di uscire dalla boscaglia per andare verso la spianata delle tre colonne i due ragazzi guardarono in tutte le direzioni.

Vi era un silenzio profondo interrotto soltanto da un fruscio lieve.

Sembrava che la nebbia al contatto con le foglie emettesse un sommesso sibilo.

Avanzarono verso il centro della radura lasciando sulla destra le formazioni calcaree, quando udirono una voce perentoria che intimò loro: "Fermatevi o sarete morti".

Miviano buttò il sacco e gridò: " Scappiamo". I ragazzi tornarono di corsa sui loro passi e si buttarono giù per la scarpata mentre le pallottole sfiorarono le loro teste. Corsero per ore senza voltarsi finché stremati ma ormai al sicuro si fermarono. Non dissero parola, si guardarono a lungo negli occhi, compiaciuti dello scampato pericolo.

Dopo aver ripreso fiato Miniano disse: "Qualcuno ha tradito noi e Giorgio il latitante, ma non preoccuparti sapremo chi ha fatto la *pamità* (infamità) ".

Passarono appena tre giorni e Miviano convocò una riunione della famiglia del *firri* alla quale erano tutti presenti, tranne Nico il pellagroso che dietro un compenso di pochi soldi aveva detto tutto al capo delle guardie civiche.

Miviano lo aveva interrogato e dopo pianti, strilli e implorazioni di perdono aveva confessato.

I fratelli del Tenopotamo condannarono Nico e sentenziarono che avrebbe dovuto subire nove punture di coltello alla schiena. Nove, numero uguale al castello perfetto col piede tre.

Sisso, Spiro e Luino furono incaricati di eseguire la sentenza.

§§§

Rosa detta Tracieloeterra veniva anche indicata con il nome di spiritata e tale appariva: con gli occhi spalancati e assenti.

Anche se non avesse esercitato il mestiere di prostituta e non avesse parlato con i morti, il solo fatto d'avere i capelli rossi e le carni color cocuzza, disponeva malamente la gente nei suoi confronti.

Dopo il tramonto, a guardare bene nei suoi occhi, si vedevano le anime dei morti passare in processione.

Alcuni sostenevano che inconsapevolmente avesse venduto l'anima al diavolo quando don Vincenzo la portò ancora giovinetta nella campagna di Pizzo del Ladro e là deflorandola, l'offrì al diavolo: " Io vi offro questa giovane con l'incenso più puro che ho potuto trovare, o grande Satanasso principe delle tenebre, degnatevi di gradire la mia offerta. Siatemi favorevole con la vostra potenza e datemi una parte delle ricchezze sotterranee".

Lo spirito sotterraneo uscito fuori nelle sembianze di un serpente leccò il corpo di Rosa succhiandole l'anima e ricompensò don Vincenzo con ventuno barre d'oro.

Fu così che rimase spiritata e abbandonata a sé stessa. Il suo padrone invece diventò ricco e acquistò mille piedi di ulivi e mille di gelsi e ottenne persino il titolo di Cavaliere.

Altri invece dicevano che Tracieloeterra fosse rimasta spiritata la notte del due novembre del 1765 quando dopo essersi svegliata di soprassalto si accorse che attraverso le fenditure della porta di casa, filtrava una luce insolita. Uscita fuori sull'uscio, guardò in giù verso la discesa che dava sull'ansa del torrente e vide una corte d'anime che marciava piano elevando al cielo un cantico soave. Rosa si unì alle anime e camminò con esse fino all'alba.

La ritrovarono soltanto dopo tre giorni accasciata su un macigno sotto il grande olmo sacro la proteggeva con le sue braccia larghe. Con un filo di voce intonava un canto, in una lingua sconosciuta a tutti tranne che al prete il quale, prima di iniziare il rito di esorcismo, disse trattarsi di greco antico.

Non si sa quale dei due episodi sia vero, forse tutt'e due, forse nessuno. Alla fine ha poca importanza. Fatto è che in ogni caso Rosa, era di sicuro una creatura singolare. E lo era anche in amore poiché i suoi orgasmi non erano corporei ma cerebrali. Come se provasse piacere per un qualche pensiero giuntole inaspettato alla mente che la sollecitava al riso.

Nonostante ciò che si pensasse di lei, non incuteva timore perché trattava tutti con mitezza anche se il suo sguardo sbigottito poteva far credere il contrario.

Dai registri parrocchiali, il prete aveva scoperto che una diretta ascendente di Rosa, il nove settembre del 1611 era stata bruciata viva a seguito di un processo che la riconobbe colpevole di intrattenersi, tutte le notti sotto il grande olmo, con il diavolo che l'andava a trovare sotto le mentite spoglie di un vecchio zoppo bitorzoluto.

In paese erano in molti a ricordare la madre e la nonna di Rosa mentre una vecchia ultracentenaria di nome Marianna si ricordava, d'aver sentito dire che Rosa discendeva da un'antichissima generazione di donne dedite al culto della Vergine delle grotte.

Queste antiche donne svolgevano i loro misteri negli antri della montagna e vivevano di frutti dei boschi e di questua. Ai viandanti, pellegrini e briganti che a loro si rivolgevano offrivano cibo e ristoro senza fare domande né chiedere mercedi e da tutti erano rispettate e tenute in alta considerazione.

Pastori e contadini erano magnanimi nel donare, sia perché pensavano d'entrare così nelle grazie della Madonna delle grotte, ma anche nella simpatia di Madrefiumara, pur sempre temuta, regina delle acque e degli alberi.

Rosa, offriva il suo corpo a chi lo chiedeva senza pretendere esose ricompense ma contentandosi di ciò che il buon cuore dell'ospite volesse donare. Era disponibile tutti i giorni della settimana tranne il venerdì, mentre il martedì lo dedicava soltanto ai ragazzi in procinto di diventare uomini cioè alla " carne che cresce" come chiamava i ragazzi che la ripagavano con frutta e ortaggi sottratti alle loro case o in giro per le campagne.

Anche Euridanio ebbe con Rosa Tracieloeterra la sua prima volta. Lo accompagnarono i fratelli del *firri* una sera d'acqua e vento gelido di tramontana. Una di quelle sere che scendono giù per la schiena e fanno sobbalzare di brividi.

Lo lasciarono davanti alla sua porta invitandolo a bussare e a dire: " Rosa ti prego fammi diventare adulto". Era eccitato e straripava di umori sensuali.

La porta si aprì e uscì una fioca luce di lanterna "Maria Santissima! Signor Conte! Andate via, io non sono donna per voi!"

"Insegnami l'amore.." disse Euridanio "..fammi entrare nel tuo letto caldo".

"Il mio non è un letto, è solo un pagliericcio riempito di foglie secche e non è amore che posso darvi bensì solo piacere, se vi contentate di questo corpo da popolo basso."

"Il piacere è comunque gioia, diletto e conoscenza e io ho tanta fame di nuove esperienze".

La casetta di mattoni crudi d'argilla e paglia, si componeva di una sola stanza cupa di fuliggine ma satura di un gradevole odore di sansa che bruciava sul focolare di terra battuta largo poco più di due palmi.

Rosa unse tutto il corpo del conte con olio di spiganardo massaggiandogli lievemente i muscoli poi gli preparò e offrì un caldo decotto di santoreggia, menta e fichi secchi affinché si riscaldasse.

Nel giaciglio le carni di Rosa Tracieloeterra riflettevano la luce della lanterna e i suoi seni caldi erano bianchi colombi. Ai ripetuti assalti, Rosa trasalì emettendo la sua risata insolita mentre per il ragazzo, scosso da un gran tremore, fu la *piccola morte* come più tardi, imparando dai francesi, chiamava l'orgasmo.

§§§

La sentenza, ai danni di Nico il pellagroso, venne eseguita sull'argine della *fiumara* ai piedi del salto d'acqua.

Sisso e Spiro lo tenevano fermo mentre Luino ritto su un sasso avvolse una cordicella intorno alla lama del coltello lasciando scoperta la punta, poi scendendo dal sasso cominciò a recitare una litania a mezza voce finché l'ultima parola gli restò mozza tra i denti mentre la mano svelta conficcò la punta per nove volte nella schiena del colpevole.

Strilli e pianti zittirono anche le rane, ma il paese era abbastanza lontano perché qualcuno potesse sentire.

Lo lasciarono a terra con la fronte imperlata di sudore e il viso bagnato di lacrime, il pianto lo faceva sobbalzare .

Dopo un mese dall'esecuzione della sentenza, Nico il pellagroso, sopraffatto dalle febbri sopravvenute per l'infezione della lama, morì. Qualcuno del *firri* disse che ben gli stava al *pamo* (infame) ma Miviano ed Euridanio erano molto dispiaciuti perché la natura era andata al di là della volontà dei fratelli.

La morte del ragazzo provocò molti malumori e, tra gli abitanti del paese, si sussurrava il fatto che lo avessero ucciso altri ragazzi e si diceva altresì della partecipazione del piccolo conte all'esecuzione.

Qualcuno a quel punto avvisò il conte, delle bravate del figlio sicché questi fu inviato subito a Napoli.

Due servi l'accompagnarono sino a Trapa sul Mare presso il marchese De Regentis cugino della contessa madre. Restò circa un mese come ospite del marchese e poi insieme ai figli di questi, fu imbarcato su una goletta.

Il marchesino più grande aveva circa la sua età mentre l'altro aveva due anni in meno, ma entrambi erano simpatici. Si erano subito affezionati a Euridanio il quale li stupiva con i suoi racconti della *fiumara*. Loro non avevano mai frequentato gente del popolo basso, tranne i servi con i quali non fraternizzavano e pur riprovando l'atteggiamento d'Euridanio ne ammiravano l'audacia nell'osare così tanto in barba ai divieti.

Nei giorni trascorsi a Trapa sul Mare, in attesa dell'imbarco, uscivano insieme e andavano al porticciolo per guardare le barche che la mattina arrivavano con il pesce pescato di fresco.

Euridanio intrecciava discorsi con i pescatori e s'informava sui metodi di pesca, sugli ami, le reti e l'esca come se di lì a qualche giorno si dovesse mettere a fare il pescatore.

I cugini non partecipavano ai discorsi con i popolani, ma guardavano sorridenti restando intrigati da quel singolare parente che sapeva parlare un linguaggio segreto, conosceva delle mosse di lotta come un vecchio combattente e aveva partecipato a tante avventure.

I tre giovani a Napoli frequentarono insieme per diversi anni gli studi classici e giuridici divenendo anche compagni di baldorie e solenni sbornie in giro per le osterie della capitale.

Quando al palazzo di famiglia non c'era nessuno, Euridanio organizzava delle cene con decine d'amici e davano fondo alle riserve di vini della cantina. Dopo qualche giorno riempiva i posti vuoti con bottiglie di vino comune comprate dal vinaio sotto casa.

In quegli anni Euridanio viaggiò per l'Italia e per l'Europa visitò le Fiandre, l'Austria e la Francia restando affascinato soprattutto da Parigi crocevia di intellettuali, filosofi e artisti.

§§§

Ritornò da Napoli soltanto dopo quattro anni.

Nel percorrere la strada che dal porto portava a Stenopoli, vide che il paesaggio non era cambiato di molto ma gli ulivi camminavano e sostituivano grano e vite.

La strada, poco più che una pista, aggirava il bosco selvaggio che si estendeva da sud a nord per quasi tutta la costa della piana e all'interno per almeno cinque o sei miglia, in un incredibile intrico d'alberi e piante con paludi che rendevano malsana l'aria di tutta la zona.

Il sole di luglio infuocava l'aria e bagliori inattesi echeggiavano tra i gelsi e gli ulivi, mentre un pulviscolo si alzava al passaggio dei cavalli.

Euridanio dagli occhi tristi, guardò in alto verso i paesi adagiati sugli altipiani dei contrafforti e pensò che qualche giorno avrebbe fatto scendere a valle gli abitanti di quelle casupole appoggiate l'una all'altra e aperte su strade strette dove vi passava appena un mulo.

La pianura è malsana ma fertile, occorre bonificarla con appropriate opere idrauliche. Del resto nelle Fiandre non avevano persino strappato la terra al mare, per destinarla alle diverse colture e alla costruzione di città moderne?

Ricordava che la sua patria era povera ma ora dopo aver visto le campagne della Liguria, del Piemonte, della Provenza e della Borgogna, quelle terre meridionali circondate da acquitrini e da impenetrabili grovigli d'alberi, apparivano ancora più selvagge.

Arrivato al palazzo andò ad affacciarsi al balcone per guardare giù verso la *fiumara*. Un gruppo di donne subito dopo il primo salto d'acqua, puliva la gora e aggiustava i sassi mentre un sentore d'alghe e menta selvatica saliva su per la collina fino al palazzo.

Euridanio stava esplorando le stanze e le scuderie per ritrovare ambienti, oggetti e persone che avevano popolato la sua infanzia quando, vide Tatina vestita a festa che gli andò incontro e salutò: " Signor conte benvenuto a casa vostra, sono qua per servirvi." L'abbracciò e le disse: " Andiamo, non chiamarmi signor conte ma soltanto Euridanio".

"Non posso signor conte, vostro padre e vostro fratello si adirerebbero a sentirmi dire Euridanio".

" Va bene in presenza di estranei chiamami pure signor conte ma quando siamo soli dammi del tu come una volta".

Euridanio la guardò mentre si allontanava, notando che si era fatta proprio una gran bella ragazza. Non sentiva però attrazione sessuale verso di lei, perché segnato dalla pietà suscitatagli quando la vide con il pube quasi glabro e le cosce sporche.

   Udì vociare all'esterno e si affacciò a una delle finestre vicine e vide nel cortile i suoi zii con suo cugino Landolfo più vecchio di lui di dieci anni. Si era dedicato prima agli studi giuridici mentre poi era stato attratto dalle discipline agrarie ed economiche.

   Euridanio stimava molto quel cugino così preso dall'amore per i lavori della campagna e con una volontà ferrea di cambiare, rinnovare, razionalizzare i metodi di lavoro e di coltura.

   Landolfo lo prese a braccetto e andarono lungo il viale a passeggiare mentre un grande sole rosso calava lento alle loro spalle.

   "Sono anni che parlo a tuo padre …" disse Landolfo "…della necessità di diffondere la coltura dell'olivo oltre che nei declivi, anche nei terreni pianeggianti. Vedi, occorre attuare la propagazione usando il metodo che già si pratica sulle colline del Setauro, per ovoli o *topparelle* come li chiamano i contadini del luogo e non con secchioni estirpati dal pedale della pianta o per innesto di piante selvatiche. Modi, quest'ultimi, mal sicuri che richiedono inoltre tempi lunghissimi..".

   "Tu pensi dunque..." rispose Euridanio "..che sia utile alla comunità sostituire la coltura dell'ulivo al posto di quella delle granaglie?".

   " Certamente! Vedi la richiesta di olio in questi ultimi cinque anni è aumentata di dieci volte, i russi non fanno altro che richiedere olio e così i lucchesi e i genovesi. Ma non basta diffonderne la coltura occorre estrarlo con nuovi metodi come quelli che si usano già da qualche tempo a Genova e in Toscana poiché con i nostri sistemi tradizionali si ottiene soltanto olio di pessima qualità buono per far sapone o bruciare nelle lanterne. Occorre inoltre curare di continuo le piante, con la zappa, la concimazione e la potatura.

I nostri proprietari terrieri dopo aver messo a dimora le piante, le considerano mucche che stanno lì ferme, pronte per essere munte una volta ogni due anni. E' vero che i nostri ulivi sono i più alti del mondo ma a cosa servono se danno poco frutto? La potatura non solo incrementa e migliora il ricavato ma rende tanta legna per gli usi comune del riscaldamento e della cottura dei cibi".

"Sono convinto di quello che dici, caro cugino, ma fino a quando le decisioni spettano a mio padre sai benissimo come la pensa. Comunque credo che per migliorare le condizioni di vita della gente di queste nostre desolate campagne non basta soltanto rivoluzionare l'agricoltura e i commerci, ma occorre nel contempo modificare tutto il sistema delle leggi eliminando la grande ricchezza dei beni soggetti alla manomorta di chiese, conventi e opere pie e incorporare infine i fondi feudali alla nazione. Queste cose le posso dire a te, ma se ci sentisse mio padre potrei considerami diseredato e bandito dalla famiglia".

Euridanio disse quest'ultime cose a bassa voce per timore d'essere sentito.

Landolfo stette una settimana ospite degli Arese e nelle lunghe cavalcate fecero grandi progetti di riforme economiche e sociali. Avrebbero costruito un grande porto per ricevere le navi di tutto il mondo e incrementare i commerci, prodotto olio, seta e vino di qualità, avrebbero bonificato le paludi e costruito una nuova città libera, di uomini liberi.

Si rividero soltanto diciassette anni dopo.

Due giorni prima che Landolfo fosse giustiziato, Euridanio visitò suo cugino nel carcere di Messina grazie all'intercessione del capitano Marzanò, vecchio amico di famiglia.

La giustizia borbonica si era abbattuta senza pietà sul grande giacobino.

§§§

    In quell'estate i giorni erano lunghi e il sole s'ostinava a non voler morire affogato nel blu del Tirreno.
    Euridanio dagli occhi tristi, approfittava delle ore di luce per andare a cavallo ma non con scopi solo distensivi e di passatempo, bensì mirando a costatare la consistenza, qualità e modo di conduzione dei fondi infeudati o di proprietà della sua famiglia.
    Stimò campi, boschi, vigne, uliveti e gelseti. Al padre e al fratello che s'insospettirono assicurò che faceva delle misurazioni astronomiche: verificava il movimento degli astri rispetto agli oggetti posti sulla terra per effettuare previsioni sul corso degli eventi degli uomini, sul clima e sulla temperatura.
    Andò a trovare Miviano Alì Sandoro nella sua bottega di carpentiere vicino al convento dei Domenicani. Era sposato e aveva già tre figli maschi che, facendo finta di aiutarlo, giocavano a fare i falegnami con pialla e scalpelli. A guardarli era difficile indovinare il colore dei capelli impastati di segatura e trucioli.
    Negli scaffali impolverati, facevano bella mostra, asce, sgorbie, succhielli, compassi e squadre.
    Due operai sistemavano tronchi e tavole mentre Miviano era indaffarato con il graffietto.
    Era un carpentiere speciale perché sapeva costruire di sana pianta frantoi e mulini ad acqua.
    La famiglia Alì Sandoro era arrivata un secolo prima dalla Sicilia, a bordo di una tartana che li sbarcò a Scilla con tutto il loro carico di attrezzi e utensili. Un antenato di don Girolamo Attiliano, per costruire tre nuovi frantoi ad acqua che avrebbero dovuto soddisfare l'aumento della domanda, a causa dell'estendersi della coltura dell'ulivo, aveva chiamato i mastri Alì Santoro a Stenopoli.

I carpentieri si stabilirono là e vi rimasero per sempre, custodendo i segreti del mestiere che i loro avi avevano appreso dagli arabi. Nessun estraneo era ammesso ad assistere alla lavorazione di cose particolari quali la tornitura di una vite senza fine o l'incisione della spirale incavata in una madrevite. Per fare quel lavoro occorreva del legno di noce o quercia, tagliato di buon tempo e stagionato per almeno quindici anni affinché l'essiccazione non compromettesse gli ingranaggi intagliati al millesimo.

Miviano fu molto felice di rivedere il conte al quale era rimasto legato da affetto fraterno. Raccontò della vita grama del paese e dei vari compagni.

Luino faceva lo scalpellino ed era sempre lontano lassù nelle Serre a spaccare sassi. Sisso e Spiro erano soldati nell'esercito borbonico. Gengio faceva il capraio. Agasi e Cicco si trovavano in carcere, erano stati arrestati insieme ai briganti della banda di Ziomo. Nigro era muratore, Giacco e gli altri facevano i contadini e zappavano la terra del signor conte suo padre o di altri galantuomini.

Dopo aver ascoltato le storie di tutti, Euridanio chiese a Miviano: "Portami da Rosa Tracieloeterra desidero vederla".

" Ma cosa vuole vedere signor conte è una povera vecchia. Ormai ci vanno soltanto gli uomini anziani e i vedovi".

"Dai voglio vederla andiamo! E non chiamarmi signor conte".

Si diressero verso il ponte al lato del quale v'era la casetta di Rosa. La porta era aperta e lei stava seduta all'interno guardando fuori. I capelli rossi s'erano imbiancati e spuntavano folte ciocche dal panno viola che copriva il capo. Il viso era cotto dal sole ma la pelle ancora appariva liscia nonostante le rughe che affettavano la fronte e il viso, all'altezza degli occhi e della bocca. Lo sguardo era, al solito, assente: come se guardasse lontano qualcosa che gli altri non vedevano.

Euridanio prima la scrutò fisso negli occhi per scorgere in essi le anime dei morti passare in processione. Vide soltanto

due pupille azzurre chiare come il cielo sicché un po' rassicurato chiese:
" Come state Rosa?".
" Come vuole Dio" rispose.
"Siete rimasta sola? Non ci sono i vostri figli?".
"Solo, è chi muore. Chi campa non è mai solo ha sempre i suoi pensieri, ha occhi per vedere e orecchie per sentire. Chi muore è solo. Chi muore è solo. I miei figli hanno preso la loro strada. I figli non sono delle mamme sono del mondo e al mondo vanno".
"Io sono il conte Euridanio mi riconoscete? Vorrei fare qualcosa per voi".
"Vi conosco che siete un giovane bello e generoso, ma non potete fare niente per me. Riesco ancora a filare la ginestra per guadagnarmi un piatto di cicerchia. Vado al bosco a fare legna e fino a quando ci sono le *olive libere* ne raccolgo quanto basta per un poco d'olio. Fino al quattordici ottobre le olive cadute possono essere raccolte dalla povera gente, dopo sono del padrone perché come diceva l'antico: la roba a chi tocca e l'anima a Dio".

Euridanio sbirciò nella casa e vide, nei canestri di listelli di castagno intrecciati, appesi alla trave, ciotole e chicchere con i suoi unguenti e balsami.
" Con questi vi comprate qualcosa come il vostro cuore desidera e ricordatevi che tutte le volte che avete bisogno mi potete disturbare". Così dicendo le mise in mano due monete d'oro.

Salutarono e uscirono. Si affacciarono dal ponte per guardare l'acqua che scorreva gorgogliando serena e mossi dall'istinto scesero verso la *fiumara* e s'incamminarono lungo la sponda destra.

"A proposito delle *olive libere..* " cominciò Miviano "..l'anno scorso è successa una disgrazia. Le guardie hanno sorpreso due fratelli a raccogliere olive il sedici ottobre. Gli hanno intimato di fermarsi ma loro sono scappati. I militari hanno aperto il fuoco colpendo a morte il più grande, quando poi si sono avvicinati per arrestare l'altro, questi è saltato con il coltello in mano e ha aperto la pancia a una delle guardie. Il ragazzo è stato rinchiuso nella fortezza di Monteserra. Quando uscirà dal carcere cos'altro farà se non il brigante? ".

Euridanio stando lontano per tanto tempo s'era quasi dimenticato della violenza e dell'impeto travolgente di cui erano capaci i suoi conterranei. Sapeva bene che persone pacifiche potevano diventare soggetti d'una ferocia inaudita, capaci di qualunque misfatto se avessero intravisto un pur minimo pericolo per la propria famiglia o per vendicare i propri familiari.

"Dimmi una cosa Miviano, che fine ha fatto il *"firri"*? C'è ancora? *Vostroina attiva?* (Tu fai ancora il percorso di conoscenza?)" E la rosa canina ha partorito il fiore dalle spine?".

"Tempi passati caro Euridanio. *"La famiglia"* era ed è tuttora una cosa per i ragazzi. Abbiamo ricevuto e tramandato alle nuove generazioni le conoscenze antiche. Sono state poche ma utili. Nel mio lavoro far di conto è sempre indispensabile. E poi, se non fosse stato per il *firri* non sarei mai diventato l'amico di un conte".

Rividero i luoghi di tanti giochi, le gallerie di rovi e tamerici, la parete assassina di arenaria e l'albero della dottrina, asilo notturno di tanti misteri.

§§§

Donna Melilla prima di diventare *"donna"* era soltanto la figlia del mugnaio Artuso il quale macinava dalla mattina alla sera le granaglie del galantuomo, medico e scienziato, magnifico don Girolamo Attiliano.

La ragazza florida con lo sguardo da furba, attirava le attenzioni di tutti gli uomini.

La farina cosparsa sul viso e sul corpo esaltava ancor di più il biancore del suo incarnato.

La madre era morta da tanto tempo e il padre non s'era più risposato.

Il vecchio una mattina d'ottobre dopo cinquant'anni trascorsi a servizio degli Attiliano, si svegliò, si affacciò alla finestrella che dava sulla riva destra della *fiumara,* chiamò la figlia che in quel giorno compiva vent'anni, e disse:
" Da oggi non lavorerò più per don Girolamo, mi voglio riposare".

Si sedette guardando fisso verso ponente e al calar del sole morì.

Melilla, rassegnata ai capricci di una sorte scriteriata più che malvagia, mandò a dire a don Girolamo di non metterla sulla strada e di darle fiducia poiché avrebbe pensato lei a mandare avanti il mulino anche senza il padre.

"Ci devo pensare bene... " rispose don Girolamo a ogni ambasciatore di Melilla " ..non so se una ragazza sia capace di gestire una tale industria. Comunque se dovessi decidere in un senso o nell'altro la manderò a chiamare".

La domenica mattina di Ognissanti, Melilla si alzò presto, lisciò i suoi lunghi capelli neri formando un' unica treccia che appuntò a corona sulla nuca, indossò l'abito della festa, si affacciò al balconcino ornato di gerani e malvarosa e si sedette a guardare con pazienza e fiducia verso l'incrocio della strada.

"Buon giorno Melilla" disse il vecchio servo sbilenco di casa Attiliano chiamato Piscialesto.

" Ho da darvi un'ambasciata, se scendete."

Melilla scese d'un fiato la ripida scala di legno e uscita fuori interrogò il vecchio: "Cosa mi dovete dire?".

" Il magnifico don Girolamo vi aspetta stasera all'Ave Maria, a casa sua".

" Va bene non preoccupatevi sarò puntuale."
Mezz'ora prima del tramonto Melilla uscì di casa con il vestito buono ed una disinvoltura forzata.
"Dove andate?" Domandò una vicina di casa che seduta nello spiazzo insieme con altre donne spidocchiava il figlio.
" Vado a compiere un dovere. Certe cose spesso si rimandano ma qualche volta è necessario farle. Per me non mancherà, poi se la fortuna mi vuole sa dove trovarmi".
" Avete ragione" affermò la donna che sapeva benissimo la destinazione di Melilla e ne conosceva la ragione come del resto tutto il vicinato.
" Comunque noi siamo tutte dalla vostra parte anzi aspettate che vi facciamo una passata contro il malocchio e vedrete che quel cerusico, buono a nulla, vi dirà di sì."
"Certo una strigliata alla malasorte non farebbe male". Pensò Melilla. "Fate presto però, non vorrei arrivare in ritardo".
" E che ci vuole, ecco qua".
La donna prese una tazza con un poco d'acqua, si segnò e cominciò a recitare, con voce sommessa, le preghiere segrete. Poi versò dell'olio nell'acqua e cominciò a guardare nel fondo della tazza.
"Ecco vedete povera creatura. Un grande occhio vi portavate addosso. Quant'è vero Iddio che se andavate così, con questo malocchio, davanti a don Girolamo quello nemmeno vi riceveva. Adesso potete andare con fiducia ".
Melilla ringraziò la vicina di casa per lo scampato pericolo, salutò e si avviò verso la collina sulla quale dominava la casa del padrone, ombreggiata da tre grandi pini marini piantati proprio sul ciglio della scarpata.
Don Girolamo era in biblioteca, aveva sulle ginocchia un enorme volume e sedeva accanto al mappamondo. Aveva studiato medicina a Salerno ma si era sempre interessato di

geografia, astronomia e alchimia e non aveva mai esercitato la professione di medico.

Se qualcuno gli chiedeva consigli per la salute lui vietava in assoluto l'assunzione di farmaci e prescriveva soltanto lunghe e tranquille passeggiate oppure la rassegnazione, poiché: la morte altro non è che una fase della vita.

Ai giovani di entrambi i sessi contro ogni malattia consigliava una più intensa attività sessuale e bevute d'acqua fresca, direttamente alla sorgente alle prime luci dell'alba.

Quando Melilla entrò, la guardò alzando gli occhi dal libro e disse: " Siediti. Ho pensato a lungo alla tua offerta di gestire il mulino. Conosci bene il mestiere, ma sei una donna e non hai un uomo vicino. Sai, ci vogliono braccia e fatica per quel lavoro. Io ho altri tre mulini, però questo è il più importante perché è quello che dà maggiori introiti dato che è situato proprio in paese e lavora molto anche per conto di terzi".

" Don Girolamo, con la fame che c'è in giro, uomini senza cervello e con buone braccia se ne trovano a migliaia. Affidatemi il lavoro in autonomia e vi pagherò il fitto ogni quindicina". Disse Melilla ostentando sicurezza.

"Questa del fitto sarebbe una buona idea perché mi sgraveresti di un pensiero in più ma lo sai che dovresti pagarmi almeno sessanta ducati ogni quindici giorni?".

"Avete esagerato don Girolamo! Sapete bene che non potrei pagarvi più di trenta".

"Ma che dici trenta! Che non ci pago nemmeno il diritto proibitivo da versare al conte. Comunque…eh….dato che sei tu, dammene cinquanta e il mulino è tuo".

Melilla a quel punto si avvicinò proprio sotto il mento di don Girolamo e lo guardò fisso con occhi accattivanti e disse: "D'accordo allora ve ne darò quaranta".

" Quaranta!..Eh…posso anche accettare ma voglio una garanzia. Devi darmi una cauzione anticipata di almeno ottanta ducati altrimenti non ne facciamo niente".

"Vabbene, troverò quel denaro dovessi mettere a soqquadro tutta Stenopoli".

Cinque o sei donne del vicinato alla fine della lunga scalinata aspettavano Melilla.

I piedi nudi sulla terra battuta dello spiazzo, erano neri e grandi.

Una frotta di bambini schiamazzava intorno: si rincorrevano, tiravano sassi e alzavano polvere.

Le donne discutevano gesticolando con le braccia, come se non vedessero quello che i piccoli combinavano, e di tanto in tanto una delle donne si distaccava dal gruppo e lanciava bestemmie contro i fanciulli che disturbavano i loro discorsi.

"Possano portarti in barella con le gambe rotte figlio di una scrofa che sono io. Smettila di tirare sassi. Appena mi venite vicino, strappo la minchia a te e a quel figlio di caprone di tuo cugino".

Un'altra gridava: " Tu , faccia di Magammetto, potessi buttare il sangue, quasi mi prendi in testa col sasso".

Appena i ragazzi impauriti dalle imprecazioni si allontanarono le donne si riavvicinarono ed attesero l'arrivo di Melilla.

Non si sa come, ma tutte erano già a conoscenza dell'esito dell'incontro.

"Non vi preoccupate Melilla troverete i soldi. Possiate entrare nel mulino con un buon piede".

Nessuno seppe mai dove prese il denaro per la cauzione, si sussurrava che quelli erano i soldi di suo nonno.

In paese si diceva che molti anni prima, mastro Antonio, nonno di Melilla, ogni giorno alla stessa ora mentre attendeva nella fornace al suo lavoro di vasaio, sentiva tintinnare un campanello e dopo qualche istante alzando gli occhi verso il tetto vedeva a cavalcioni della trave un folletto alto un palmo e mezzo, vestito di velluto rosso e con campanelli legati alle caviglie. In testa portava un berretto che il folletto teneva con la mano sinistra per non farselo rubare. Puntuale, ogni giorno, si presentava alla fornace e importunava mastro Antonio lanciandogli sassolini o noccioli d'olive e rideva le volte che riusciva a distoglierlo dal lavoro.

Il vecchio era un uomo buono e non se la prendeva a male. Toglieva con calma il sassolino dall'argilla che impastava e ripeteva: " Ne puoi fare quanto vuoi che io qua ti aspetto".

La calma del vecchio che non imprecava, irritava il folletto il quale una sera s'arrabbiò a tal punto che, appena mastro Antonio se n'andò a dormire, si mise a rompere tutti i vasi e le pignatte che c'erano in deposito. Il rumore dei cocci richiamò l'attenzione del vecchio che ancora non si era allontanato e tornato indietro ed aperta la porta in silenzio, si avventò veloce sul folletto ed afferrò il cappello.

La piccola creatura saltò da una trave all'altra come uno scoiattolo e quando si accorse d'aver lasciato il cappello in mano al vecchio, scoppiò in un pianto di rabbia e battendo i piedi disse: "Dammelo! E' mio brutta bestia".

Mastro Antonio con tutta calma rispose: " Certo che te lo restituisco però voglio in cambio il tuo tesoro così mi ripagherai dei danni che mi hai provocato".

Quando capì che l'invettiva nei confronti del vecchio era inutile, cominciò a piangere con disperazione e a chiedere il cappello con tono supplichevole.

Mastro Antonio facendo finta di nulla, uscì dalla fornace, si mise in tasca il cappello e andò a casa. Il folletto sedette su una pietra davanti alla porta di casa e pianse tutta la notte.

Il vecchio fu pervaso da sentimenti contrastanti prima di ira e poi di tenerezza.

Dopo tante esitazioni uscì sul balcone e lanciando il cappello addosso al folletto esclamò: " Chi vuole essere ricco non deve avere cuore. Tieni, vattene via e non farti più vedere".

La mattina seguente nella bottega trovò un fazzoletto, lo aprì e dentro ci trovò diverse monete d'oro. Non era certo un tesoro però era pur sempre una bella somma a ricompensa della sua generosità.

Sembra che mastro Antonio abbia conservato quel denaro per tutta la vita aspettando il momento buono per fare il migliore acquisto.

Quel momento non venne mai, né durante la sua vita né durante quella del figlio, al quale, la somma era rimasta con la consegna di comprare, ove fosse possibile beni della famiglia Attiliano.

Alcuni dissero che Melilla usò i soldi del nonno per pagare la cauzione, altri giurarono d'averla vista, il giorno dopo la visita a don Girolamo Attiliano, presso la casa del giudeo Giosuè Leva dal quale ottenne un adeguato prestito.

Qualunque sia stata la fonte del suo finanziamento, la donna seppe destreggiarsi tra contadini e mulattieri che andavano e venivano scaricando grano e caricando farina. E quando qualcuno di essi era impertinente o faceva pesanti apprezzamenti, da sotto i vestiti con velocità felina sguainava un pugnale e chiunque intuiva che l'avrebbe di sicuro usato.

Melilla si recava puntuale ogni quindici giorni, a pagare il canone di fitto.

Don Girolamo l'aspettava in biblioteca dove le offriva del tè, vantandosi d'essere il più buono che si potesse trovare da Napoli in giù poiché glielo mandava il suo amico lord Harvey al quale, per ricambiare, spediva ogni anno cinque botti di vino nerello delle sue vigne.

Lord Harvey assicurava che con quel vino così forte, cullato sulla nave fino a Londra combatteva l'insonnia. Don Girolamo, al contrario, con il tè che riceveva dall'Inghilterra, aromatizzato con le erbe delle sue terre riusciva a combattere la sonnolenza che lo pervadeva da mane a sera.

Da giugno in poi don Girolamo non offriva, a Melilla, il te bensì un rinfresco di neve con vino malvasia delle isole, poi si informava come al solito, dell'andamento degli affari, dell'annata agraria ed era sempre prodigo di consigli e suggerimenti da dare anche ai contadini a cui raccomandava di non potare gli ulivi per non andare contro natura.

Si frequentavano ormai da oltre un anno quando don Girolamo chiese a Melilla di sposarlo.

"Lo so, non sono un uomo affascinante e ho quasi trentacinque anni più di te, ma metto a tua disposizione tutta la mia devozione e il mio patrimonio che è secondo soltanto a quello del conte. I nostri concittadini ne diranno di tutti i colori sopratutto i galantuomini che vedranno in questo matrimonio un sovvertimento dell'ordine sociale. Ma quello che dirà la gente a me, interessa poco. Non ho eredi diretti o parenti stretti e voglio vivere gli anni che mi restano come dico io. Scorgo in te una virtù posseduta da una segreta pietra. Riesci a trasmutare i vili metalli in oro. Non voglio dire che sai trarre profitto dalle industrie e commerci, ma sai ingentilire le cose rozze, dai bellezza a quelle brutte, dai spirito alla materia".

"Sono proprio lusingata mio caro. Ma ditemi non vi pentirete in seguito di non aver sposato una pari vostra?".

"Il futuro nessuno lo conosce. Ora ti desidero e voglio averti vicino".

Si sposarono subito dopo Natale con una grande festa che durò tre giorni e alla quale parteciparono galantuomini e nobili di tutta la provincia.

Lord Harvey mandò agli sposi un purosangue arabo di nome Vento oltre che il tè, una cassa di stoffe delle fiandre e del tabacco.

Donna Melilla divenuta donna lasciò il mulino e si trasferì al palazzo del marito dove per imparare a vivere come una signora, don Girolamo non lesinò spese per precettori d'ogni sorta finanche quelli di canto, musica, pittura e ricamo.

Dopo aver fatto l'amore per la prima volta con Melilla don Girolamo iniziò con i suoi consigli:

" Vedi ognuno di noi, ma anche ogni essere animale o vegetale, ha la propria natura che bisogna assecondare perché essa non è mai malvagia: occorre però capire qual è quella vera, per farla sviluppare e nel contempo ostacolare le forze maligne della società.

Per esempio, la vera natura della donna e quella di accoppiarsi ogni volta che gli umori interni creano le condizioni e instillano in lei il desiderio. La religione e la morale non devono ostacolare tali istinti poiché la natura si riprende con la forza ciò che non le viene dato con la ragione. Tu mia cara qualora dovessi sentire delle pulsioni o in ogni caso, attrazioni verso un altro uomo, non le devi reprimere, ma assecondale, ricordandoti di farlo con discrezione e senza rendermi ridicolo davanti agli altri. Intesi!".

"Non preoccuparti...." rispose Melilla mostrando non poca sorpresa " ..da parte mia avrai tutto il rispetto e l'onorabilità che una moglie deve a un marito come te".

Erano trascorsi più di vent'anni da quel giorno e donna Melilla oramai una vera signora, frequentava spesso il palazzo degli Arese per tener compagnia alla contessa madre, ma anche per incontrare Euridanio alla cui persona dedicava molti dei suoi pensieri di quarantenne.

Comprendeva benissimo che il giovane non poteva legarsi con profondo sentimento ad una donna matura ma ogni suo sguardo di desiderio, le ridava giovinezza e voglia di vivere.

Euridanio l'incontrava una volta a settimana nel casino di caccia del magnifico Attiliano il quale avendo ricevuto degli incarichi a corte, prese a soggiornare a Napoli per diversi mesi dell'anno.

Durante la settimana, quando Euridanio era in biblioteca, l'andava a trovare con una scusa qualsiasi lasciando le altre signore indaffarate al tombolo, con merletti e ricami.

Tra gli scaffali di libri e le vetrine d'antiche armi si scambiavano baci e abbracci affettuosi. Rubando al mondo effusioni veloci, improvvisi e svelti orgasmi, alitando soffi di vita sulle scartoffie polverose.

Dalla biblioteca saliva una scala a chiocciola, di ferro battuto, che portava alla cosiddetta torre della scienza di forma circolare costruita su tre livelli, ciascuno dei quali era fornito di finestre monofore aperte sui quattro punti cardinali.

Al primo piano, detto della fisica, le pareti erano affrescate con scene di alberi, animali e uomini intenti al lavoro dei campi, alla costruzione di case, alla fabbricazione di oggetti e all'osservazione della natura.

Predominava il verde. Quello dell'erba e dei prati, il verde-argento degli ulivi e quello cupo dei pinastri.

Al secondo piano filosofi barbuti con lunghi riccioli ricadenti sulle spalle, osservavano dalle pareti tonde chi saliva su per la scala e sembravano pronti a interrogare più che a dare risposte.

Il rosso sovrastava la scena, dal rosa pallido al rosso fiammante delle lingue di fuoco che s'ergevano dalle teste dei filosofi, come pensieri che mescolandosi nell'aria rischiaravano di luce opaca il mondo intero.

Al terzo piano le armonie celesti degli astri e degli dei che volteggiavano tra nubi bianche-azzurre nell'atto del creare, del togliere dal caos materia impalpabile per darle simmetria. Al centro in alto, l'occhio di dio, nel triangolo, che guardava sospettoso e una bocca aperta a un sorriso quasi beffardo.

Euridanio e Melilla dopo aver fatto l'amore salivano su per le scale e al primo piano sorbivano neve al limone. Al secondo piano stavano seduti uno in faccia all'altra e discorrevano a lungo. Melilla raccontava delle teorie che il marito aveva sulla natura ed Euridanio le esponeva i suoi progetti per il futuro per dare dignità agli indigenti e far fiorire i commerci e le industrie.

Salivano poi al terzo piano dove lui suonava una spinetta mentre lei si sedeva di fronte per essere contemplata nella sua bellezza che cominciava a mostrare le prime ingiurie del tempo.

§§§

L'altipiano che chiudeva a nord la conca sottostante, si estendeva per una dozzina di miglia con terrazzamenti ampi e coltivati a granaglie e foraggio. Boschetti di cerri, lecci e corbezzoli limitavano di tanto in tanto le regolari geometrie degli erbai.

Al centro di questa tenuta degli Arese di Villalta, si ergeva un complesso di fabbricati costruito per intero a mattoni con un porticato ad archi a tutto sesto, oltre il quale si accedeva al grande atrio circondato da costruzioni rustiche però armoniose.

La località era denominata Casteltrace ed Euridanio vi si recava per andare a caccia e per fare lunghe cavalcate fin dove il bosco s'intricava e iniziava l'aspra china verso la montagna e i suoi misteri, che fiorivano ora nelle brume serali e nel buio della notte, ora nella radiosità mediterranea del tempo estivo.

Euridanio cavalcava sugli altipiani lungo i contrafforti, rincorreva cervi e caprioli e di tanto in tanto volgeva lo sguardo alle cime aspromontane sperando di vedere Madrefiumara della cui protezione era certo sin da bambino.

In questa tenuta di Casteltrace viveva una ragazzina poco più che sedicenne con gli occhi verde-lucertola e la bocca di seta.

L'aveva notata da qualche tempo ma era stato sempre indifferente alle sue attenzioni finché, un giorno di primavera, mentre il loglio fluttuava nei campi, sospinto dalle folate di scirocco, incontrò il suo sguardo. Euridanio a sua volta la fissò e in quell'attimo si aprirono per lui grandi spazi.

Grandi come i campi intorno al cascinale.

E i campi erano grandi!

Quello sguardo umido l'avrebbe tormentato anche quarant'anni dopo, quando ormai era conscio dell'insuperabilità della solitudine dell'individuo.

La ragazza di nome Castalia, viveva con i nonni che abitavano, insieme con altri contadini, un'ala del piano terra del cascinale mentre tutte le stanze del primo piano erano riservate alla famiglia del conte e dei suoi ospiti per le occasioni in cui essi facevano visita alla tenuta.

Euridanio pur conoscendo la ragazza da tanto tempo, si accorse solo allora del suo portamento aristocratico e del suo gesticolare con garbo specie a conclusione del discorso, quando disponeva la mano destra di lato inducendo l'interlocutore a una gentile risposta o, in ogni modo, a una replica cortese.

Soprattutto lo stupì l'audacia della contadina nel guardare fisso negli occhi il suo padrone, pur sapendo che era stata promessa dal nonno, al figlio dello stalliere.

Euridanio si accorse davvero della sua esistenza, quel giorno in cui stava uscendo dal portone principale del cascinale, mentre lei entrava sicché se la ritrovò con piacere quasi tra le braccia.

Da allora cercò, a ogni occasione, di avvicinarsi e parlarle. La seguiva a cavallo mentre si avviava per i campi e le chiedeva delle piante, delle capre, dell'erba e del grano, guardandola estasiato.

Lei per un attimo corrispondeva allo sguardo ma subito dopo s'imponeva di volgerlo altrove finché un giorno ebbe il coraggio di dire:" Signor conte non voglio sembrare scortese, perché voi siete il padrone di tutto, ma il vostro atteggiamento compromette il mio futuro poiché colui che mi è stato destinato come marito potrebbe disdire l'impegno preso con mio nonno".

" Hai ragione mia cara Castalia ma vedi, io sono amante del bello e dell'armonia e in te trovo l'uno e l'altra, tanto che mi è

difficile allontanarmene. Non preoccuparti cercherò d'essere più prudente ma almeno fammi una promessa".
"Ditemi, cosa devo promettervi signor conte?".
"Che di nascosto degli altri continuerai a darmi il piacere di parlare con me, di rispondere alle mie domande e di raccontarmi le cose che ti succedono".
" Ve lo prometto! Ma voi dovete promettermi che sarete prudente a non parlarmi davanti agli altri e soprattutto davanti al mio promesso o ai suoi parenti".
Cominciarono a vedersi spesso e a parlare per ore come se il tempo fosse fatto di parole.
E il tempo era parola, musica, colori e afrori primaverili che salivano dalla terra per i rami e i fiori.
Ritornando la sera a Stenopoli, affrontava il senso di colpa che l'assaliva, ma subiva molto il fascino di quella ragazza dall'animo così semplice.
Non era intenzionato a farne un'amante.
I suoi principi non consentivano di importunare una donna promessa a un altro uomo però, qualcosa lo teneva legato ai suoi occhi.
Una sera i contadini di Casteltrace, uomini e donne, erano seduti per terra nel patio e separavano i fagioli dai baccelli secchi. Mentre erano tutti intenti al lavoro, a turno raccontavano storie incredibili sugli spiriti vaganti e sui lemuri buoni e cattivi che si aggirano intorno ai luoghi dove ci sono state morti violente.
All'arrivo di Euridanio tutti tacquero e salutarono: " Buona sera signor conte!".
" Vi prego continuate. Ho piacere anch'io di ascoltare queste storie".
Così dicendo andò a sedersi per terra, proprio accanto a Castalia la quale aveva il conte da una parte e il promesso sposo dall'altra.

Molti sapevano delle imprese del conte da ragazzo, quindi, non si meravigliarono più di tanto, altri invece non avevano mai visto un nobile gentiluomo abbassarsi al loro livello.

Vi fu un momento che sembrò interminabile.

Silenzio e imbarazzo.

Nessuno aveva il coraggio di continuare finché, il nonno di Castalia, cominciò a raccontare del bambino lemure che saliva sui carri al quadrivio di Goncia e dopo aver percorso qualche miglio piangeva perché voleva essere riportato allo stesso posto dove era stato preso.

Era inevitabile che qualcuno ricordasse Rosa Tracieloeterra e le anime del purgatorio in processione nei suoi occhi.

Un altro raccontò che sua nonna alzatasi di buon ora per accendere il forno si accorse di non avere acciarino e esca ed uscì per strada per accertarsi se qualche vicino avesse già acceso il fuoco, quando vide arrivare un uomo vestito di nero con una camicia bianchissima che le disse : "Eccoti del fuoco brava donna". E così dicendo le porse un dito fiammeggiante.

La donna dopo aver acceso i rami che teneva in mano e appiccato fuoco alla fascina nel forno, si rivolse all'uomo che attendeva sull'uscio con il dito ancora acceso e chiese : " Voi chi siete? Vorrei sapere il vostro nome per ricordarvi nelle mie preghiere".

" Io sono la morte fiaccola. Il mio compito è quello di tenere acceso il cero della speranza che non deve abbandonare gli uomini".

" I morti ci sono e come!". Fece una vecchia che parlava come se li stesse vedendo, " Essi ci guardano, qualche volta ci aiutano e altre ci fanno i dispetti, in maggior misura quando dormiamo, si coricano addosso a noi per farci svegliare oppure ci pizzicano. Quante volte la mattina vediamo lividi sulle gambe che la sera non avevamo? No! Quelli non vengono da soli! Sono i morti dispettosi. Quando ci si accorge di ciò non bisogna dimostrare paura poiché loro ne approfittano. Bisogna reagire e gridare: se sei uno, uno sono pure io e ti faccio fronte. Se tre siete, tre siamo e se menate, pure noi meniamo, padre, figliolo e Spirito Santo. A queste semplici parole vedrete che i morti dispettosi si ritirano. In ogni modo a mezzogiorno oppure di notte, bisogna stare sempre all'erta perché loro sono invidiosi di chi ha la vita e si divertono a molestare i vivi".

I contadini sgranavano i fagioli e ascoltavano, rapiti e impauriti da quelle storie.

Euridanio con la scusa di aiutarli, nascosto dalla coltre di baccelli, prese la mano di Castalia. Questa, spaventata, la ritrasse e si volse verso il promesso sposo arrossandosi in volto. Appena la luce diminuì ancora e prima che andassero a prendere le lanterne, Euridanio ritentò e questa volta sentì il calore di quella mano piccola che ricambiò la stretta.

Quella sera non tornò a Stenopoli e rimase a Casteltrace e mentre dalla sua finestra guardava verso gli alloggi dei contadini, si portava la mano alla guancia come se in essa fosse custodito il calore e l'odore della piccola mano.

Si addormentò dopo la mezzanotte e al risveglio si sentì felice al pensiero di Castalia che gli aveva dimostrato interesse.

Durante il giorno pensava solo a lei, non aveva voglia di mangiare né di bere, guardava i fiori e gli alberi scoprendo in loro una bellezza mai prima d'allora sospettata. Quando qualcosa lo distraeva per un momento dal pensiero di lei, vi ritornava con il piacere di chi sa d'avere una cosa splendida tenuta di nascosto in serbo.

§§§

Castalia bocca di seta, pascolava la capretta tra i terrazzi che davano sul ruscello ed Euridanio si avvicinò salutandola.

Era sempre difficile l'inizio di un dialogo: monosillabi, intensi sguardi e lunghi silenzi davano poi la stura alle parole, ai racconti delle proprie esperienze.

"Ma tu sei innamorata del figlio dello stalliere?".

"Innamorata! Non lo so. Però gli voglio bene. Del resto siamo cresciuti insieme e lo stalliere era un grande amico di mio padre ed è sempre stato gentile con i miei nonni e con me".

"Capisco che non è una cosa giusta quello che stiamo facendo. Tu promessa sposa non dovresti trascorrere del tempo a parlare con un altro uomo".

Così dicendo Euridanio cercò la manina ma, grandi nuvole si addensavano alla sua mente, quando Castalia la ritrasse dicendo: "No. Non andiamo al di là delle parole".

Euridanio allora mortificato disse: "Hai ragione. Sono uno sciocco. E' meglio non rivederci mai più".

Si alzò e prese le briglie del cavallo per andarsene quando, Castalia con le lacrime agli occhi lo rincorse e gli si avvicinò a un palmo dalla bocca.

Un tenero bacio, in punta di piedi, congiunse le loro anime.

§§§

La calura estiva non era finita.

Le giornate di settembre erano luminose e in tutta Casteltrace si sussurrava d'Euridanio e di Castalia.

Il figlio dello stalliere era scomparso. Aveva rubato un cavallo e delle provviste. Nessuno ebbe più sue notizie, soltanto vent'anni dopo qualcuno sostenne che si era imbarcato su una nave inglese.

Euridanio trovava una scusa al giorno per andare o restare a Casteltrace dove Castalia lo aspettava impaziente ed andavano per i campi e ciascuno raccontava di sé.

Il nonno non giudicava con favore quella relazione, dalla quale non poteva sortire altro che qualche figlio illegittimo. Eppure l'accettava come può accettarsi un malanno, una grandinata o una burrasca contro cui nulla si può fare.

Pensando alla sfortuna di sua figlia, guardava la nipote come fosse un agnello destinato al sacrificio.

Castalia aveva poco più di tre anni quando il padre, Marino Librando, infilzò con il forcone Giuseppe Cernone detto Petrello conosciuto come uno stolto che dava fastidio alle ragazze e riceveva botte da fratelli, fidanzati e mariti. Con la madre di Castalia esagerò cercando di stuprarla ma le grida della donna richiamarono l'attenzione del marito che accorse veloce e vide la moglie per terra con le vesti lacerate ed il volto insanguinato mentre l'aggressore si dava alla fuga.

Lo raggiunse dopo una corsa affannosa in cima al poggio e lo trafisse da dietro con il forcone. Petrello stramazzò dall'altra parte del colle rotolando giù per la china fino al fosso.

Marino ricercato dalle guardie scappò e per due anni nessuno seppe dove fosse andato a finire finché un giorno di maggio, in cui il caldo si sentiva già forte come ad agosto, Maria era seduta all'ombra dei pioppi con la piccola Amaranto in braccio quando vide avvicinarsi un signore dall'aspetto civile che disse:

" Sei tu Maria la moglie di Marino Librando?".

" Certo che sono io. Ma voi chi siete?".

" Io sono un amico di tuo marito. Sono commerciante e vengo spesso da questi parti a comprare seta grezza. Marino vuole rivederti insieme alla piccola Castalia e ti prega di andare a vivere con lui a Palermo, dove si è sistemato con un buon lavoro e ha cambiato nome. Affinché tu ti fidassi di me mi ha dato questo".

Trasse dalla tasca un astragalo di capretto legato a una stringa di cuoio e lo porse a Maria.

"Mi ha dato anche dei soldi per te, ma soprattutto mi ha pregato di portarti fino a Palermo dove lui t'aspetta. Non parlare con estranei della faccenda, io ripartirò tra cinque giorni. Se deciderai di seguirmi mi troverai alla locanda dell'olmo a Stenopoli fino a lunedì mattina. Se cercherai di me chiedi del signor Tommaso Venturi".

La donna riconobbe l'astragalo con la stringa intagliata, che suo marito portava come amuleto e partì con l'asino per andare a consultare Rosa Tracieloeterra affinché potesse consigliarla per il meglio.

Rosa, ascoltata tutta la storia, si riservò di interrogare quella notte stessa le anime del purgatorio per avere delle indicazioni.

Il giorno dopo chiamò Maria e le disse:
" E' giusto che tu vada a raggiungere tuo marito perché quella è la naturale armonia delle cose, ma non portare con te la piccola Castalia perché un'anima del purgatorio mi ha suggerito di lasciarla ai nonni".

Dopo aver fatto fagotto con un poco di biancheria e vestiti, Maria salutò i genitori ai quali lasciò mille raccomandazioni, baciò la bimba mentre lacrime salate le scorrevano giù per la bocca e uscì di casa.

Il viaggio durò oltre due mesi perché il signor Venturi, per i suoi commerci, si doveva fermare alcuni giorni a Messina, altri a Milazzo e Cefalù, ma nei confronti di Maria ebbe sempre modi gentili e di riguardo.

Giunsero a Palermo in un pomeriggio di caldo afoso.

Dal mare spirava una brezza umida e una nuvolaglia correva verso il monte sovrastante la città.

Rumori confusi venivano dall'opificio dove il signor Venturi l'accompagnò.

Una spaziosa costruzione in mattoni con diverse aperture sui lati per arieggiare i locali. Decine d'operai si affaccendavano intorno a caldaie e strane attrezzature che producevano stridori e suoni del tutto inconsueti per le orecchie contadine di Maria.

Venturi chiamò il primo operaio che gli venne a tiro e gli disse:
"Vai a chiamare il capo officina Marino Librando. E' arrivata sua moglie dalle Calabrie".

Dopo qualche minuto, che parve un'eternità, spuntò Marino raggiante che andò incontro a Maria per abbracciarla. Rimase però deluso, quando si accorse che non c'era la bambina.

"Rosa Tracieloeterra mi ha consigliato di venire da sola e lasciare la piccola alle cure dei nonni. Se tutto andrà bene ritorneremo tra qualche anno a riprenderla".

"Avrei preferito stringerla ora al mio petto". Rispose Marino. "Ma se Rosa ha detto così vuol dire che esiste una ragione superiore a noi sconosciuta che c'impone di aspettare".

Dopo pochi mesi Maria contrasse il vaiolo con complicazioni polmonari.

Morì senza rivedere la piccola Castalia e lasciò Marino nella più cupa disperazione. Questi abbandonò Palermo, sperando che i ricordi non l'inseguissero lungo la rotta per Genova alla ricerca di una nuova nascita che facesse dimenticare per sempre il passato.

Dopo circa venticinque lunghi anni trascorsi in Liguria dove aveva fatto fortuna, volle tornare a Stenopoli, ma non ritrovò nessuno degli amici e parenti quindi andò a cercare Rosa Tracieloeterra, la quale dopo essersi accertata della sua identità, gli raccontò di tutte le sventure e le avversità di quella terra disgraziata, seduta sulla bocca del demonio " Cuculo".

"Egli si nutre d'anime e quando è affamato, sputa fuoco e fiamme dalla sua bocca, fa ballare le montagne e rovesciare il mare finché non si sazia di tutti i figli di mamma che ruba e porta via con sé".

I padri e le madri hanno perso i figli ed i figli i genitori ma nessuno può fermare il fuoco che cammina lento sotto le viscere della terra, come nessuno può impedire alla primavera di diventare estate e all'autunno inverno, nell'eterno circolo delle stagioni".

Dopo aver ascoltato le disavventura della sua terra e della sua gente, Marino Librando dietro pagamento di una forte somma a

militari e civili ottenne di visitare il conte Euridanio che era rinchiuso nella fortezza di Messina.
Parlarono poco.
Non avevano molto da dirsi ma un soffio di vita li aveva attraversati e uniti.
Castalia li accomunava e li legava insieme come la ginestra lega la vite al palo.
Si tennero stretti a lungo come padre e figlio mentre Euridanio rivide nell'anziano, gli occhi verde-lucertola della figlia.
Marino, prima di partire volle visitare Casteltrace e rivedere dalla collina la Piana tutta intera.
Si accorse che qualcosa era cambiata. Lungo i pendii si stendevano a dismisura gli oliveti, giganti di dieci canne che si tenevano per mano dai monti fino al mare. Prati ed erbai sembravano quasi scomparsi. Ma giù in fondo verso la marina s'intravedevano lunghi canali e fossi scavati dai forzati per bonificare le paludi.
Tornò a Genova da dove ripartì per Lione al fine di allontanarsi sempre di più dal passato e dai ricordi.
Nella terra francese, con altri soci, impiantò una filanda con macchinari genovesi e commerciò con tutto il mondo importando seta grezza sia dall'Italia, sia dall'oriente ed ebbe modo di girovagare per l'Europa soprattutto in Prussia, Fiandre e Inghilterra.
Nel suo cuore nutriva però, una segreta speranza di ritorno a quelle terre antiche, forse in un futuro, quando ormai il dolore sarebbe stato sedimentato e scrostato dal ricordo in maniera tale che anche il ripensare i tempi tristi poteva sembrare stranamente piacevole.

§§§

Nelle passeggiate Euridanio parlava a Castalia delle nuove idee che arrivavano dalla Francia, della fiducia nel progresso e del futuro migliore da costruire.

La ragazza non capiva tutto quello che lui diceva, però il suo entusiasmo la contaminava e così volle imparare.

Euridanio allora cominciò a trasferire a Casteltrace oltre duecento dei suoi libri, compresa la *"Encyclopedie, ou dictionnaire raisonné des sciences, des arts et des metiers"* ed iniziò la sua attività di precettore di Castalia la quale aveva una capacità d'apprendimento sorprendente: imparò subito a leggere e scrivere e dopo pochi mesi poté passare allo studio della geometria, della storia e della geografia, dimostrando spiccata curiosità e vivo interesse per i resoconti dei viaggiatori in terre e mari lontani. Ma apprezzava anche l'architettura, la scultura, la poesia e "tutte le cose belle che l'uomo sa creare con le proprie mani" come lei diceva.

Euridanio, baciandole la guancia, sentiva agitare il suo animo e coglieva armonie e bellezze dell'arte e della natura che prima non percepiva.

In maniera inspiegabile taluni concetti d'armonia, di giuste proporzioni, di qualità mistiche di certi numeri ed oggetti, che aveva appreso dai coetanei cafoni: ora dispiegavano i loro effetti, ora divenivano ben comprensibili.

L'euritmia delle architetture delle piccolissime chiese di campagna che andavano a visitare, la consonanza di suoni e colori e la bellezza della natura le rapportava continuamente a lei, al viso ed al corpo, di cui avrebbe mangiato le carni e bevuto gli umori.

Dopo aver confessato tale pensiero, Castalia si avvicinava alla sua bocca per baciarlo ma, spaventata, ne ritraeva l'anima da quella che sembrava un'eccessiva bramosia capace di limitare la libertà del suo spirito. Poi, guardandolo in viso e pensando d'avergli fatto un torto gli diceva: " Vorrei nuotare nei tuoi occhi ed entrarti attraverso essi nella pelle e nel corpo intero per essere dentro di te, parlare con la tua voce, vedere il mondo con i tuoi occhi".

Così dicendo si rannicchiava sotto il suo braccio intrecciandosi a lui per formare un unico corpo.

"Credo..." cominciò a dire Euridanio carezzandole i capelli "..che tra due persone ci sia sempre una che ami più dell'altra. Non nel senso di quantità totale d'amore che ciascuna può dare all'altra, ma d'eguaglianza d'intensità in un determinato momento. Forse non v'è mai esatta corrispondenza di sensi poiché se una attacca, l'altra resta sulla difensiva con un continuo scambio dei ruoli e delle parti. Se una delle due non si difende e si lascia stringere troppo, resterà soffocata dall'abbraccio mortale dell'altra".

Castalia pur condividendo questo pensiero non rispose e s'intristì.

I loro sguardi s'incrociarono per diversi minuti in un silenzio che fu eloquente.

Continuarono a sfogliare il libro che Euridanio aveva in mano quando a un certo punto si fermò e disse:

" *Castalia io t'agàpo.*"

"Come hai detto? ", chiese la ragazza porgendo l'orecchio per capire meglio la risposta e poggiando allo stesso tempo il mento sulle tre dita della mano destra.

" Significa, ti amo, nel linguaggio che usavamo ai tempi del *firri* cioè de "*I fratelli del Tenopotamo*", una setta formata dai ragazzi che vagavano tutto il giorno tra gli argini del torrente e che io frequentavo all'insaputa dei miei".

Raccontò delle sue imprese dei tempi in cui scavalcava il muro di cinta del palazzo per partecipare alle scorribande lungo il torrente.

Dei giochi tra le acque e i sassi roventi, le arrampicate sui costoni riarsi, la caccia alle lucertole e le torture ai girini.

"*U domino è calo e brive sono i so bianchei.* Vuol dire: il fiume è bello e fresche sono le sue acque. Usavamo questo gergo per non farci capire dagli altri e nessuno poteva svelare ai *contrasti* cioè ai non appartenenti alla fratellanza del *firri*, il significato delle parole pronunciate in *domino*.

Scriverò un piccolo glossario così potrai imparare anche tu quel linguaggio da usare tra noi e sarà un altro nostro piccolo segreto".

Castalia percepiva l'impossibilità del loro amore e mentre da un lato, non sapeva fare a meno dei suoi baci e degli sguardi profondi che la penetravano, dall'altro cercava, senza riuscirci, d'allontanare il giovane da sé affinché ciascuno potesse con serenità prendere la propria strada.

Anche la grande forza dell'amore non avrebbe fatto convergere ciò che millenni di storia avevano reso diverso: lei contadina e lui conte. Il suo, era un tenero amore, perciò si sarebbe contentata anche del semplice rango di "amante del conte", ma comprendeva che ciò sminuiva e frenava l'apprezzamento d'Euridanio da parte dei nobili suoi parenti e dei galantuomini suoi amici e per nulla al mondo voleva dargli dispiaceri.

§§§

Passavano i giorni e i mesi.

Euridanio non volle più tornare a Napoli e nessuno se ne preoccupò: il padre era gravemente malato di febbre terzana mentre la madre era troppo indaffarata con ricami, merletti e trine.

Un giorno però, mentre Euridanio stava montando sul cavallo per recarsi a Casteltrace, suo fratello Cosimo lo ammonì: "Caro fratello, ricordati che le contadine si portano a letto, non sull'altare sicché non comprendo a cosa possa servire la geometria e la filosofia a una donna che deve soltanto saziare i tuoi appetiti sessuali. Oppure…è una tua trovata da

libertino per rendere più interessante la perversione? Dimmi? A cosa servono tutti quei libri a una contadina?".
"La tua comprensione dell'animo umano e la tua sensibilità è pari a quella di un mulo cieco e sordo." Rispose Euridanio. "Anzi adesso ti dirò qualcosa che ti indignerà ancora di più: immagina che riesco a saziarmi soltanto con i suoi baci e non voglio possedere il suo corpo prima di possedere del tutto l'anima."
 "Non mi dirai, caro fratello, che non ti porti a letto quella villanella, mentre le stai dietro tutto il giorno?"
"Animale! Capisci che non si tratta solo del corpo di una donna bensì di un sentimento e di una volontà di sposarla? "
" Che cosa? Ma…ma…ti sei bevuto il cervello? Vorresti farmi cognato di una cafona? Ricordati che resterà tale, anche se imparerà tutta la filosofia di questo mondo e che il suo dovere è di lavorare e compiacere i suoi padroni che le danno i mezzi di sostentamento".
 Euridanio scostò il cavallo e si avvicinò al fratello per parlargli sul viso:
 "Gli uomini nascono uguali e restano tali anche se diversa è la quantità e qualità di beni di cui dispongono. Tutti nascono, crescono, vivono e muoiono alla stessa maniera. Tu in ogni modo non ti azzardare a torcerle un capello o quanto è vero Iddio……….", e così dicendo sguainò lo spadino e lo mise alla gola del fratello che diventò paonazzo e cominciò a balbettare: "..tu..tu..saresti capace, lo so, co..co..come sei stato capace quella volta qua..quando hai ucciso, con i tuoi amici, quel povero ragazzo. Sei un violento e hai il sangue guasto dei cafoni che frequentavi da ragazzo….".
" Per l'amor del cielo vattene via o t'ammazzo veramente". Gridò Euridanio dandogli spintoni fino a buttarlo a terra.

§§§

Intanto che Euridanio era preso dalla passione per Castalia, il capitano Antonio Marzanò, della regia fanteria borbonica, lo aveva sostituito nel letto di donna Melilla.

Il suo giorno a settimana era il lunedì, sempre al casino di caccia di don Girolamo e sempre all'alba.

Nei salotti del paese l'oggetto delle discussioni non era però il capitano e donna Melilla che rientravano nella norma ma soltanto la pancia di Castalia che cresceva e il conte Giovanni che, ormai roso dalle febbri, non intendeva lasciare questo mondo per fare largo ai giovani e non voleva sentir parlare di matrimonio.

Euridanio e Castalia stavano insieme da otto mesi, il vecchio conte non era morto e uno novello ma illegittimo, stava per nascere.

Donna Melilla sempre affettuosa con Euridanio gli offrì il suo sostegno e quello immancabile del marito sia come medico che come amico per ogni eventualità.

Il giovane conte era combattuto, non voleva un figlio bastardo senza nome e d'altronde non aveva il coraggio di sposarsi senza il consenso dei suoi.

Invocò l'aiuto di donna Melilla. A lei affidò il compito di convincere almeno sua madre a dare un assenso anche all'insaputa del padre giacché questi, affetto ormai da follia senile, non avrebbe potuto valutare la situazione ed all'occasione opporsi al matrimonio.

Era il primo febbraio e avevano preso accordi con il parroco, che il matrimonio sarebbe stato celebrato il quindici del mese alla presenza dei testimoni: i coniugi Attiliano, Miviano e il cavalier Arnaldo Soriani, amico e lontano parente d'Euridanio.

§§§

    La notte del cinque febbraio di quel 1783 era stata molto rigida ma, il cielo limpido e le stelle talmente brillanti avevano fatto presagire bel tempo mentre nessuno immaginava le disgrazie imminenti.
    Rosa Tracieloeterra piangeva da un mese, si era persa tra i boschi per digiunare e pregare.
    Parlava ai vermi della terra ed agli alberi, ai quali affidava raccomandazioni da consegnare al sotterraneo demonio Cuculo affinché si contentasse delle sue offerte e sacrifici e lasciasse indenne la popolazione.
    Verso le sette del pomeriggio quiete nubi, come fanno sempre, correvano dalla marina ai monti. Gli abitanti del borgo si apprestavano a chiudersi in casa per trascorrere la notte, quando un fragoroso e prolungato tuono scosse la terra percorsa da un potente tremore che attraversò l'abitato da sud a nord. A quegli istanti terribili seguirono grida, lamenti, pianti di bimbi, latrati di cani e svolazzare d'uccelli.
    Con assordanti rimbombi si squarciarono i muri, si aprirono i terrapieni mentre forze interiori spingevano massi granitici giù per le chine e colonne di calcinacci annuvolavano l'aria.
    Euridanio sul suo cavallo ritornava a Stenopoli da Casteltrace quando l'animale spaventato dal rombo e dal repentino movimento del suolo che si alzava e riabbassava, s'impennò, lo disarcionò facendolo cadere nelle pozze melmose degli argini stradali. Dopo qualche minuto si riebbe e andò in cerca del cavallo che però si era allontanato atterrito.
    Si avviò a piedi verso il paese dove giunse dopo una mezz'ora ma non riconobbe più le case e le strade giacché v'erano solo cumuli di sassi, mattoni e legni schiantati. Soltanto l'antico ponte era ancora intatto e svettava sui cumuli formati a destra e a manca del torrente. Parte dell'acqua però, aveva preso ad aggirarlo sulla via dritta formando un'ansa più

profonda per poi ritornare indietro e riunirsi al corso, giù a valle del ponte.

All'alba Euridanio dopo aver vagato al buio cercò di organizzare i soccorsi con i superstiti. Il palazzo del conte con i suoi giardini, il teatro, le stalle e quant'altro, era per intero schiantato dalla sua sede.

Le tante chiese e tutti i palazzi gentilizi erano cumuli di macerie da cui spuntavano travi di legno e ferri nudi, come alberi senza foglie. Le costruzioni rimaste in piedi, a ingiuria dei galantuomini e dei nobili, furono le case più piccole e più povere tra cui quella di Rosa Tracieloeterra che forse con la sua arte magica, era riuscita ad allontanare da sé e dalla propria casa il flagello.

Organizzato il lavoro dei superstiti, Euridanio lasciò gli uomini allo scavo e recuperato il cavallo che nel frattempo era tornato da solo a casa, s'incamminò verso Casteltrace. Attraversò altri due casali e lo spettacolo era il medesimo: rovine dappertutto, pianti e lamenti.

Qualche ora dopo percorreva la ripida salita, alla fine della quale si aprivano i piani di Casteltrace e da lontano scorse i resti delle costruzioni. Cinque o sei contadini superstiti stavano scavando tra le macerie ed Euridanio smontando di corsa da cavallo si unì a loro.

Ci vollero due giorni di lavoro per tirar fuori il corpo di Castalia il cui viso appariva smunto ma d'aspetto aristocratico per i capelli bianchi di calcinacci ed il colletto di lino ecru.

Euridanio abbracciò cullando il corpo inanimato della giovane e sciolse il pianto come aveva visto fare alle prefiche:

"Bocca di seta
bocca d'avorio
bocca d'ambra
bocca di latte e miele
rosa aulente

sapore di sandalo
figlia del vento
mica aurea
zingara del deserto
casa del guerriero
fiore del sentimento
rugiada di primavera
tepore di capanna
fragranza della vita
frammento di Dio
ambrosia e tormento dell'anima mia."

La seppellì nel boschetto di cerri mentre un sole freddo ma chiaro, filtrava le foglie e i rami, indifferente al dolore d'Euridanio che sulla tomba di pietra scrisse:
"Ombra bianca fuggitiva d'imperituri attimi".

§§§

Due giorni dopo l'aria era ancora abbastanza quieta e ciò, contribuì a rendere più terribile il tuono che rimbombò nei recessi della terra squassando e demolendo quello che era rimasto in piedi.

Nei successivi tre mesi si susseguirono oltre mille piccole scosse e un'insolita fitta bruma stagnava sulle valli.

Le distruzioni, le esalazioni mefitiche provenienti dalle viscere della terra, il lezzo delle acque stagnanti e dei cadaveri insepolti rendevano il paesaggio irreale agli occhi dei superstiti che si aggiravano tra le macerie alla ricerca di figli, genitori o fratelli.

Si diceva di un episodio d'ingenerosità da parte di un servo, che vedendo il padrone intrappolato nelle macerie, gli tolse l'anello dal dito e le fibbie d'argento dalle scarpe e scappò senza tentare di liberarlo.

Una donna con il suo bambino fu tratta in salvo dopo otto giorni. Sotto le macerie riuscì a nutrire il figlio con delle castagne che aveva in tasca ed a dissetarlo con la sua urina.

Un gatto uscì vivo addirittura dopo diciassette giorni.

Per i due anni seguenti, le donne non concepirono oppure ebbero parti prematuri di nascituri morti e quando ripresero a concepire, molti neonati morirono nel primo trimestre di vita.

Altre donne, invece, sterili o senza mestruazioni da qualche anno, all'improvviso concepirono.

Vista dall'alto della collina Trinità, Stenopoli appariva come un insieme di cumuli di macerie con rare abitazioni di quelle piccole e rustiche rimaste indenni. Qua e là si erano formati stagni per via del cambiamento del corso del torrente e della fuoriscita d'acqua dai numerosi acquedotti ad archi che cingevano l'intero abitato.

L'acqua che era il bene più prezioso di Stenopoli giacché serviva più di venti mulini e trenta frantoi, divenne portatrice anch'essa di distruzioni e infezioni.

Le strade non esistevano più, si poteva salire su alture che prima erano valloni e attraversare valli che un tempo erano alture. Le scosse del sisma provenienti da diverse direzioni si erano incrociate ed unite in unico movimento vorticoso che aveva ostruito fiumi e dilaniato montagne. I torrenti deviati dal loro corso, avevano provocato smottamenti, formazione di terrapieni, di laghi e acquitrini dai quali si levavano lezzi come di letame.

Si scavò ancora per giorni e settimane e si contarono 2261 morti pari a circa la metà della popolazione. Tra questi vi erano la madre e il fratello d'Euridanio mentre suo padre che al momento del sisma si trovava nella scuderia, aveva riparato sotto un archivolto che non aveva ceduto alle potenti sollecitazioni. Sua sorella infine si trovava a Napoli quindi le era stata risparmiata l'infelice esperienza.

I resti mortali delle vittime furono portate nella grotta ai piedi della collina Trinità dove fu scavata un'ampia fossa e là vennero cremati e tumulati. Lo scaccino appiccò il fuoco al cumulo di frasche, mentre il curato con l'aspersorio spandeva acqua benedetta e gli uomini s'appoggiavano ai badili nell'attesa che venisse il loro turno con la terra.

Il fumo saturò ben presto l'aria già fetida.

Fuoco, acqua, terra e aria gli elementi della vita e della morte.

Euridanio parlò alla popolazione presente e promise ai cittadini le terre, situate a nord-est della collina, per la ricostruzione della città. Quelle terre pianeggianti, nella località chiamata Evoli, di proprietà della sua famiglia, sarebbero state più idonee ad edificare un centro urbano moderno adeguato alle esigenze della vita e delle attività della gente.

Però, soltanto dopo oltre un anno, la fame dei superstiti e il timore di rivolte e sommosse, convinsero infine le autorità napoletane ad adottare provvedimenti per andare incontro alle popolazioni di quelle lande disgraziate.

Nel frattempo quelle zone furono visitate da decine di studiosi che esaminarono campioni di rocce e brecciame, crete e marne, selci e miche lucenti; analizzarono i fenomeni meteorici e tellurici contemporanei o conseguenti al sisma; stimarono e compararono magnetismi, polarizzazioni e umidità di caligini e brume.

Le ipotesi formulate alla fine, erano uguali a quelle avanzate prima delle indagini: alcuni studiosi propendevano per la tesi *fuochista o vulcanista* secondo la quale era il fuoco sotterraneo a generare i movimenti sismici, altri invece propugnavano la tesi *elettricista* per la quale i fenomeni si originavano dai forti squilibri elettrici sia per le cariche accumulate nelle nubi che per la diversa composizione dei terreni. A dimostrazione di quest'ultima tesi si evidenziava che le zone ricche di minerali ferrosi, erano state risparmiate dal sisma mentre erano state devastate le aree prive di vene ferrifere.

Le ragioni degli *elettricisti* sembrarono dovessero prevalere, anche perché, la loro teoria dava una spiegazione a tutti gli altri fenomeni riguardanti la fertilità delle donne, persa o acquistata la cui cagione doveva riscontrarsi nel passaggio di cariche elettro-magnetiche.

Qualunque sia stata la causa del terremoto, la gente morì davvero e per i superstiti iniziò una vita grama di giorni senza alimenti e notti di freddo all'addiaccio che provocarono tanti altri morti.

§§§§

Il 4 giugno 1784 fu istituita la Cassa Sacra con il compito di ricostruire i paesi con i proventi delle proprietà e rendite dei conventi e delle chiese che nel corso dei secoli erano divenute cospicue a causa dei lasciti pro-anima. Dalle rendite parassitarie di questi beni si originava l'immobilismo, grave remora al progresso.

Con un dispaccio firmato dal primo ministro, al fine si stabilì:
- che il clero secolare fosse considerato come ogni altro laico rispetto ai pesi dello Stato;
- che le rendite dei monasteri e conventi si convertissero in beneficio e sollievo della desolata provincia;
- che i beni di tutti i monasteri e conventi fossero aboliti e incorporati alla Cassa Sacra, allo scopo di impiegare il ricavato della loro vendita a vantaggio dell'afflitta popolazione;
- che tutti i luoghi pii, ecclesiastici e laicali, dovessero considerarsi aboliti ed i beni da incorporare alla Cassa Sacra.

Euridanio all'insaputa del padre, che ormai dava vistosi segni di squilibrio, si recò nel capoluogo della provincia e fu ricevuto dalla Suprema Giunta di Corrispondenza alla quale propose di abolire qualunque diritto proibitivo sull'industria, molini e frantoi. Ciò sicuramente avrebbe spronato l'iniziativa di chi, pur operando per la ricerca del proprio tornaconto, agisse nel contempo, per il bene di tutti creando occasioni di lavoro per i disoccupati.

Propose inoltre l'indipendenza delle università municipali e il pieno godimento popolare degli usi civici, con l'abolizione di pesi e diritti sulle acque pubbliche, sui passi e sulla pastorizia.

La Suprema Giunta non solo accolse i suggerimenti del giovane conte ma stabilì anche l'esclusione dei feudatari dagli incanti che di lì a poco si sarebbero tenuti per la vendita dei beni incorporati alla Cassa Sacra, al fine di evitare la concentrazione in poche mani delle terre poste al pubblico incanto.

Durante l'assenza del figlio, il conte Giovanni convocò i rappresentanti dell'Università Municipale e gli intimò di sospendere i lavori di ricostruzione degli edifici nelle sue terre d'Evoli fino a quando non avessero concordato e sottoscritto un esoso contratto di fitto. A nulla valse ricordare che il conte Euridanio s'era impegnato a cedere senza compenso quei suoli.

" Il feudatario sono io e mie sono le terre Evoli. Se non pagherete il fitto vi faccio buttare fuori a calci".

Al rientro dal capoluogo le guardie, attendevano Euridanio per arrestarlo con l'accusa di furto ai danni del padre, di tutto il contante di casa Arese di Villalta. Il vecchio si era avvalso di false testimonianze di due *galantuomini* i quali giurarono d'aver visto il giovane conte mettersi in tasca manciate di monete d'oro ritrovate nei cumuli di macerie del palazzo.

Il giorno dopo l'arresto, la cavalla quasi per vendicare Euridanio dalle ingiuste accuse, scalciando con la zampa ferrata, centrò in pieno petto l'anziano conte che morì dopo una dolorosa agonia ridotta soltanto dalla pietà di Rosa Tracieloeterra che si procurò di portare al capezzale un giogo di buoi e un gatto per scacciare lo spirito cattivo.

La vecchia, accompagnata dai servi, fu portata dal conte che da quindici giorni era in dolorosa agonia ed emetteva rantoli e lamenti. Sedette accanto al letto toccando con una mano il giogo e con l'altra un gattino di poche settimane e disse:

" *Hai bruciato giogo od ucciso gatti?*
Anima parti!
Se hai bruciato giogo io te lo rinnovo, se hai ucciso un gatto, eccolo qui rifatto.
Questo corpo e quest'altare nulla può darti.
Anima bella vattene in cielo!
Parti!".

Dopo lunghi ed estenuanti richiami all'anima del moribondo, Rosa spalancò gli occhi e con ira comandò: "Questo corpo non è più casa tua, vattene via!".

Dopo qualche istante il conte spirò e cessarono i tormenti cui era sottoposto ad ogni spasmodico fiato.

Durante i mesi di prigionia d'Euridanio, furono eseguiti gli incanti delle terre espropriate ai conventi e ai luoghi pii e alla fine le terre non vennero affittate o vendute ai contadini e ai coloni bensì ai soliti aristocratici e borghesi che ebbero disponibilità di liquido per pagare i canoni di locazione oppure le percentuali a quanti funzionari o amici compiacenti, partecipavano alla preparazione delle pastette.

Euridanio nei giorni del carcere, ripensava agli occhi di Castalia e alla profondità del suo sguardo presente in ogni istante come una ferita schiusa e sanguinante.

Quegli occhi gli ricordavano il mare.

Aveva bisogno di spazi, d'albe e tramonti su azzurri orizzonti.

Appena rilasciato dalle regie carceri, incaricò l'amministratore don Antonio Caravati del compito di badare ai beni della famiglia e s'imbarcò a Messina su una goletta che salpava per la Francia.

Sbarcato a Le Havre cominciò a guadagnarsi la vita da comune operaio e trovò lavoro come facchino presso un magazzino del porto il cui proprietario, era un mercante d'origine siciliana.

Dopo pochi mesi dimostrando la buona conoscenza della lingua francese scritta e parlata, la dimestichezza con i libri contabili e la pratica amministrativa e fornendo prova d'essere degno di fiducia, divenne il principale collaboratore di monsieur Niscemi.

Insieme viaggiarono nelle Fiandre e in Inghilterra dove frequentavano le maggiori halls nelle quali migliaia di produttori esponevano i tessuti all'attenzione dei mercanti che là convenivano da tutta Europa e dall'America.

La cosa che destò maggiore impressione su Euridanio, fu la visita delle città di Birmingham e Leeds con i loro stabilimenti e fabbriche nelle quali non solo si costruivano le macchine a vapore, ma queste erano applicate per mille usi. Pozzi, telai, laminatoi di ferro e di rame venivano azionati meccanicamente.

Fu altresì colpito dal misero aspetto dei bambini che, buttati giù dal letto di buonora, andavano in filanda insieme alle sorelle e alle madri. Giudicò impossibili i turni di lavoro cui erano sottoposti e misera la razione di cibo costituita da zuppa di farina con pezzi di focaccia d'avena, consumata durante una pausa di tre quarti d'ora.

L'uomo che fino a quel momento aveva usato solo due elementi della natura, aria e acqua per rendere meno gravosa la fatica fisica, ora aveva la possibilità di usarne altri due: terra e fuoco. Carbone e calore per produrre vapore e far muovere macchine con la forza di cento o mille uomini.

Nella macchina a vapore si ritrovavano i quattro elementi dell'universo la terra rappresentata dal carbone, il fuoco, l'acqua e l'aria rappresentata dal vapore.

Ricchezza e povertà aumentavano di pari passo. Per ogni nuovo ricco, cento e più persone ingrossavano le fila dei poveri. E anche i bambini di Stenopoli, così affamati, sporchi ma liberi, sembravano ricchi in confronto a quelli inglesi che trascorrevano quattordici ore nelle fabbriche, privati per sempre del loro tempo.

Per creare un giorno migliori condizioni di vita della sua gente, Euridanio cominciò ad accarezzare l'idea di tornare a Stenopoli e impiantarvi delle manifatture sull'esempio di quelle viste in Inghilterra ma con condizioni di lavoro tali, da non immiserire lo spirito degli uomini, delle donne e soprattutto dei bambini.

§§§

Una sera di novembre, dai mille canali di Bruge saliva l'umida bruma che s'infiltrava silenziosa tra gli interstizi dei muri, tra le fenditure delle travi, tra i capelli e le ossa di chi s'aggirava intorno a piazza del mercato.

Euridanio e monsieur Niscemi cercavano una taverna per mangiare, erano arrivati da poco.

Aprirono una porta sulla quale campeggiava l'insegna "Al gallo d'oro" raffigurante un pennuto impettito e gradevole. Il tepore del fuoco e l'odore degli arrosti infusero all'istante del buon umore ai viaggiatori affanati.

"Siamo in due " , disse monsieur Niscemi all'oste che si avvicinava " vogliamo mangiare e dormire per due o tre giorni."

"Accomodatevi " rispose l'oste pulendo, con lo straccio che portava appeso alla cintola, un tavolo proprio di fianco al camino.

"Charlotte.." chiamò verso la cucina " porta due bicchieri di birra ai signori".

Euridanio guardava il fuoco scoppiettante quando alzando lo sguardo restò di sasso nel vedere gli occhi verde-lucertola di Castalia nella ragazza che lo fissò dicendo: " Prego". Mentre serviva le due enormi coppe di birra scura traboccanti di schiuma.

" E' identica …" pensò Euridanio "ha un diverso incarnato, molto più chiaro e i capelli biondi mentre quelli di Castalia erano castani con riflessi rossastri. Però, ci somiglia moltissimo".

A ogni portata Euridanio la fissava negli occhi mentre sentiva il suo animo aprirsi e predisporsi a riaccendere sopite passioni.

Charlotte era abituata agli sguardi penetranti dei clienti e quindi non diede molto peso alla questione però quello straniero dal particolare accento e dagli occhi tristi, l'attirò e fu compiaciuta delle sue attenzioni.

"Freddo umido stasera?" Disse Euridanio.
"Siamo circondati dall'acqua dei canali" rispose la ragazza "è normale che ci sia umidità. Per noi l'acqua è la vita e la morte, da essa viene il bene e il male".

Monsieur Niscemi ascoltando il dialogo intrapreso dai due, capì d'essere quasi un terzo incomodo.

Alternavano domande e risposte a coppe di birra, carni fumanti e crostacei al formaggio fuso e quindi alzandosi disse: "Amico mio, tu resta pure, io vado a letto sono molto stanco".

"Buona notte, vi auguro un ottimo riposo" rispose Euridanio alzando la mano destra in segno di saluto.

Dopo tre giorni monsieur Niscemi ripartì e lasciò Euridanio a Bruge che vi restò per quattro mesi, finché non convinse la ragazza a sposarlo e lasciare la locanda.

Tornò in Francia con la moglie e prese in fitto un appartamento a Rouen dove, nel frattempo monsieur Niscemi, aveva trasferito il centro dei suoi affari.

Charlotte era semplice non aveva studiato, però riusciva a capire benissimo gli stati d'animo del marito e cercava di soddisfarne i desideri, ancor prima che lui li esprimesse.

Euridanio era felice d'aver trovato una simile creatura che gli dava tanto affetto ma, si rese ben presto conto che non poteva ricreare con lei la comunanza d'animo che aveva avuto con Castalia.

I giorni trascorrevano sereni, lei rigovernava la casa, andava al mercato e poi passava dal magazzino dove lui curava gli affari del padrone il quale però si faceva vedere sempre di meno.

Negli ultimi tempi monsieur Niscemi aveva acquisito un'aria assente come se la mente fosse in altro luogo lontano da lì. Inoltre trattava sempre con fare frettoloso facendo intendere di dover attendere, con urgenza, ad altri uffici e di non poter soffermarsi sulle cose banali che gli venivano sottoposte.

Una mattina di buonora bussò di fretta, alla porta di quella casa a due piani con l'affaccio sulla piazza dell'ontano, dove abitavano gli sposi.

Euridanio sporse il capo dalla finestra e vide il suo datore di lavoro che lo chiamava e lo invitava a scendere giù all'istante.

"Sono rovinato..." cominciò "... ho perso gran parte del mio patrimonio al gioco, tra qualche giorno verranno gli ufficiali dell'esproprio per effettuare i pignoramenti, ma io in quelle ore non voglio esserci. Perdonami, i miei comportamenti inavveduti hanno rovinato anche te e la tua Charlotte".

Euridanio non seppe ribattere una sola parola perché tanto era lo stupore per una notizia del genere disse soltanto:

" Io sono arrivato in Francia con niente addosso e quindi posso ripartire da quel punto. Voi piuttosto pensate al vostro futuro, cercate di non comprometservi con la giustizia poiché il carcere vi nuocerebbe moltissimo alla salute."

" Tu hai le chiavi del magazzino centrale, là ci sono ancora stoffe di valore. Vai prendine in quantità prima che arrivino le guardie, io però nel frattempo scomparirò. Ho trovato un imbarco per le Americhe. Addio."

Abbracciò il suo giovane amico e si allontanò con un volto meno triste di quando era arrivato.

Euridanio prelevò dal magazzino solo alcune stoffe, equivalenti alle mercedi che doveva riscuotere da monsieur Niscemi e quando vennero le guardie consegnò tutto il resto.

Dopo qualche mese cominciò a lavorare in proprio, poiché si era del tutto impadronito delle conoscenze necessarie a svolgere quel lavoro.

Charlotte gli stava dietro tutto il giorno e lo aiutava in ogni suo lavoro.

Un giorno d'estate giunsero notizie dello scoppio di un'insurrezione che aveva messo a ferro e fuoco Parigi.

Due settimane dopo, pure a Rouen si udirono per le strade spari e grida, furono presi d'assalto palazzi pubblici e privati e il popolo s'impadronì del Comune.

Per porre rimedi ai disordini scoppiati in tutta la Francia, l'Assemblea Nazionale approvò la *"Dichiarazione dei diritti dell'uomo e del cittadino"*. In molte città invece gli animi si riscaldarono di più così il consiglio cittadino di Ruen decretò tra l'altro, la soppressione delle parrocchie; la demolizione delle campane all'infuori di tre, da suonare solo per annunciare incendi e allarmi; una tassazione rivoluzionaria degli aristocratici; l'istituzione di sussidi e soccorsi per gli infelici.

Euridanio assistendo a quegli eventi sconvolgenti che si stavano verificando, pensò che simili fenomeni avrebbero di sicuro interessato, alla fine, anche il regno di Napoli e quindi desiderava essere là presente quando ciò sarebbe accaduto.

La situazione peggiorava ogni giorno, le merci non arrivavano e la gente non comprava, per fortuna aveva messo da parte qualche risparmio ma non voleva dare privazioni a sua moglie allora pensò di tornare a Stenopoli.

Mancava da sette anni nei quali aveva viaggiato in giro per l'Europa, aveva conosciuto popoli, tecnologie, arti e modi di fare diversi. Con questo bagaglio di nuove e moderne conoscenze, avrebbe messo a frutto quelle sue terre e risollevato le precarie condizioni della sua gente.

§§§

Quando Euridanio arrivò a Stenopoli, don Antonio Caravati stava combattendo con la morte. Fece giusto in tempo a rendere conto al padrone, dell'amministrazione dei beni degli Arese di Villalta, e a Dio del suo operato di cristiano.

La nuova Stenopoli, sorta a Nord dell'originario sito, sui terreni Evoli, era stata edificata su assi incrociati ortogonali con isolati quadrati. I nuovi palazzotti gentilizi svettavano lindi della fresca malta. Nella zona bassa della vecchia città, la ricostruzione andava a rilento perché la popolazione non abbiente sprovvista di mezzi, riedificava poco e male.

In definitiva si delineavano quasi due città, in quella inferiore restarono ad abitare i poveri in tuguri ricostruiti alla meno peggio, mentre in quella superiore i galantuomini e i nobili che accedevano alle loro dimore passando attraverso portali di pietra in stile barocco.

La vigna scompariva e avanzavano giganteschi ulivi che tenendosi per mano ingoiavano le viti ma anche il grano, i pascoli e gli erbai.

Le tecniche di riproduzione propugnate da suo cugino Landolfo, si erano diffuse presto in tutta la piana e si profilava una vera e propria rivoluzione agraria iniziata a rilento cinquant'anni prima ed ora in rapida diffusione.

Anche il palazzo degli Arese di Villalta che non aveva subito molti danni, per il terremoto, era stato risistemato. L'ala destra e la torre della scienza erano rimaste intatte salvo alcune crepe mentre l'altra ala e il teatro erano crollati uccidendo la contessa e il conte Cosimo.

Euridanio dopo qualche settimana trascorsa per riprendere confidenza con tutte le novità riscontrate in paese, chiamò il suo vecchio amico Miviano e gli disse:

"Preparati perché tra un mese partiremo per l'Inghilterra. Andremo a visitare fonderie e compreremo macchine a vapore ognuna delle quali farà il lavoro di cento uomini. Vedrai cosa ne faremo di questa nostra campagna".

"Ma! E'..è..impossibile partire così all'improvviso..." rispose Miviano " se...senza un minimo di preparazione per affrontare un viaggio così lungo".

"All'improvviso?" rifece il verso Euridanio "Hai un mese di tempo per prepararti, mentre io provvederò a ottenere le lettere di credito da presentare ai notabili inglesi".

Presero il largo con un grecale che spingeva dolcemente il vascello verso Gibilterra e verso i segreti delle manifatture moderne.

Visitarono le città di Birminghan, Sheffield, Manchester e Leeds.

In quelle officine, crogioli scintillanti, stridori di ferraglie e macchine sbuffanti preparavano scenari di un futuro sfolgorante di fantasia e progresso per i popoli.

Euridanio si destreggiava tra dirigenti di fabbrica, capi officine e banchieri prestando però molta attenzione ai suggerimenti tecnici di Miviano e a quelli pratici di Charlotte.

Commissionarono sette macchine a vapore, di diversa fattura e potenza per applicarle ai frantoi e produrre olio a basso costo per l'esportazione nonché alle filande per la produzione della seta. I guadagni di tali industrie, sarebbero stati investiti nel miglioramento delle colture agricole con l'introduzione di moderne rotazioni capaci di aumentare di molto il prodotto.

Quattro delle macchine ordinate non arrivarono mai a Stenopoli poiché il vascello che le trasportava sospinto da un fortunale naufragò a largo della Bretagna.

I progetti furono ridimensionati e gli sforzi maggiori vennero indirizzati verso l'industria serica così s'iniziò a estirpare i gelsi neri per sostituirli con quelli bianchi che assicuravano una seta più raffinata, rispetto a quella prodotta con il gelso nero, più resistente ma grossolana.

Nei terreni degli Arese di Villalta, posti a poca distanza dal mare, pianeggianti e ben collegati alla strada che portava a Napoli nonché al piccolo molo del porto, furono edificati quattro corpi di fabbrica rettangolari, contigui l'uno all'altro che intercludevano un ampio cortile quadrato. Vennero poi istallate le attrezzature ed i macchinari per i filatoi sotto la direzione e sorveglianza di maestranze genovesi e piemontesi.

Lungo le perpendicolari meridionali della grande fabbrica, vennero edificate le casette per gli operai e per le loro famiglie.

Disposte a schiera, imbiancate a calce e pavimentate in cotto, erano dotate di focolare centrale a due facce che irradiava calore nelle due direzioni, di una porta e una finestra aperte sul cortile ed una sulla strada che girava tutta intorno al caseggiato.

Al centro un patio coperto col tetto di coppi e capriata in castagno poggiante sopra colonne di mattoni, ricordava il chiostro di un monastero. In quel luogo si discutevano le fasi della lavorazione, si collaudava il prodotto ottenuto durante il giorno e si decideva il da farsi per il giorno dopo. Ognuno poteva proporre disegni, decorazioni e motivi nuovi per fabbricare stoffe sempre più belle e originali.

In un vicino fabbricato disposto anch'esso a quadrilatero si svolgeva la vita sociale della comunità.

Vi erano spazi al chiuso e all'aperto per passeggiare, discutere leggere ed espletare attività creative di disegno, pittura e scultura.

Grandi spazi per i bambini che venivano ogni mattina affidati a precettori uomini e donne che insegnavano e giocavano con loro fino all'ora in cui la sera li riconsegnavano ai genitori.

Un ampio salone accoglieva la mensa comune alla quale partecipavano operai, anziani e malati non in grado di lavorare, bambini e precettori. Ciascuno aveva in ogni modo, la facoltà di cucinare e pranzare a casa propria con diritto a ricevere un controvalore in denaro per quanto non consumato in comune.

Nei terreni collinari sconvolti dal terremoto ed esposti ai raggi del sole, Euridanio impiantò la coltivazione della vite con tralci prelevati da antichi vitigni.

Dopo qualche tempo si ottenne un vino di ottima qualità prodotto separando, durante la vendemmia, i chicchi dai graspi ed eliminando gli acini immaturi e marci.

Furono ripresi i contatti con lord Harvey, il vecchio amico di don Girolamo Attiliano, il quale dopo aver gustato il contenuto di quelle botti di rovere ch'erano state cullate nel mar Mediterraneo e poi in giro per l'Atlantico sino al mar del Nord, volle chiamare quel nettare: succo di terremoto.

Il nobile inglese cominciò così a importarlo per commercio facendo concorrenza perfino al vino del Capo che veniva cullato da Oporto al Capo di Buona Speranza.

§§§

Bruker, l'assistente del dottor Lendeber, sostò infreddolito, sotto l'insegna e prima di spingere la porta, fissò il gallo dorato che rassomigliava al borgomastro nella parata della fiera.

La città era irreale dispersa tra le strade ovattate, i canali e le nebbie mattutine.

Mastro Charles van Ruboec era intento alla pulizia del locale mentre la moglie e la figlia minore pulivano cozze e conchiglie.

"Buon giorno mastro Charles...." disse l'assistente " ...mi manda il dottor Lendeber, dice che domani sera arriveranno dei medici dall'Inghilterra e pertanto dovrete provvedere ad ospitarli raccomandando di accoglierli con riguardo giacché essi portano la salvezza per migliaia di persone ".

"Sapete bene che tutti i clienti sono trattati come si deve in questa locanda ma, naturalmente, degli amici del dottor Lendeber saranno accolti con tutti gli onori.

Che ne dite di gustare un poco di birra prima di ritornare dai malati? Proprio ieri ho aperto una botte nuova".

"No! A stomaco vuoto! Per carità! Non ne posso bere".

" Se è solo vuoto, basta riempirlo...." replicò mastro Charles girandosi verso le donne " .... Guglielmina porta qualcosa da mangiare e un bicchiere di birra per il signor assistente".

"Ma ditemi, chi sono i signori inglesi?"

"Arriveranno domani a Ostenda. Il dottor Lendeber ha già noleggiato una carrozza per portarli sin qua. Sono tre medici che hanno messo a punto un rimedio per sconfiggere il vaiolo.

Altri cinquanta medici si sono dati qui convegno per discutere del caso e ciascuno di loro, ha già potuto sperimentare la cura che sembra sia efficace."

"E in cosa consiste la cura?".

"*Similia similibus curantur*!".

"Che? Cosa dite signor assistente?".

"Dico che chiodo scaccia chiodo, il male distrugge il male e il bene può vincere il bene. Vedete, gli opposti si fronteggiano, si sfidano si guardano a vicenda con arroganza ed insolenza, si accapigliano, si graffiano, ma non si distruggono poiché l'uno esiste soltanto perché esiste l'altro. Invece i simili sono vicini, camminano appaiati ma di tanto in tanto, si spingono, si urtano finché l'uno sostituisce l'altro".

Così dicendo l'assistente schioccò la lingua e la sua bocca piccola e asimmetrica già pregustava l'effervescente bevanda.

Finalmente arrivò Guglielmina con quattro ostriche, burro e un bicchiere di birra color mogano.

Spalmò un poco di burro sulla carne bianca del mollusco e addentò. Dopo un sorso lungo con il quale mandò giù un terzo di birra, continuò:

"Questo valente medico inglese, in oriente, ha appreso che contagiandosi con il pestilenziale pus colante dalle pustole delle vacche affette da vaiolo, per miracolo si resta immuni dalla malattia.

Ha fatto degli esperimenti su un gran numero di fanciulli e lo stesso hanno fatto tanti medici in tutta Europa e ora, infine, possiamo dire d'essere in grado di debellare la malattia innestando l'infezione: lupo mangia lupo.

Una forza potente e cupa ostacola però, il progresso e la scienza.

Sappiamo per certo che la chiesa locale tuonerà lampi e fulmini contro questi medici che stanno per convenire a Bruge.

Già il vescovo in una omelia, la settimana scorsa, ha bollato questo rimedio come bestiale di nome e di fatto, contrario alla morale dei cristiani e perciò peccaminoso".

Mastro Charles dopo aver ascoltato con molta attenzione disse:

" Per la mia persona non serve più il rimedio perché come vedete,…." ed indicò con la mano le sue guance butterate "…ormai sono immune, ma a mia figlia Guglielmina lo consiglierò di certo ed al diavolo quello che dicono le teste pezzate delle beghine2.

"La vostra birra…." continuò l'assistente "..è migliore del Borgogna. Cosa ci mettete dentro, oro liquido?".

" A ognuno il suo mestiere, carissimo dottore."

Dopo aver mangiato l'ultimo mollusco e bevuto il sorso di birra rimasto, l'assistente salutò e uscì mentre il taverniere cominciò a riassettare tavoli e sgabelli.

La città era in subbuglio, chi aveva parenti e amici affetti dal morbo era corso a chiedere, a sentire, a vedere.

Chi aveva udito riferiva: "...innestando una *–marcia bovina-* tratta da pustole di animali infetti, si ottieni l'immunità, l'antidoto al morbo".

" E cosa aspettano per innestare le marce nei nostri bambini e renderli incolumi ?".

"Bisogna chiederlo al borgomastro".

" E' vero! Andiamo insieme. Non si possono lasciare morire le persone quando ci sono i rimedi per salvarle".

All'ora di pranzo, molti dei medici giunti per il convegno si recarono al " Gallo d'oro" e dietro a loro, gruppi chiassosi di gente che chiedeva notizie, riferiva di discussioni con il borgomastro, si faceva interprete di appelli. Qualcuno ammoniva ed evidenziava la dubbia moralità di quel rimedio di non durevole efficacia.

Mastro Charles e Guglielmina lavoravano duramente per servire ai tavoli con ordine e accuratezza per evitare lamentele dei clienti. Il medico inglese alla fine del soggiorno ringraziò per la calorosa accoglienza riservatagli e lodò soprattutto la birra color mogano della quale disse: "....E' ambra liquida e antica, è fresco fuoco che disseta la bocca e riscalda il sangue nelle vene".

Le beghine consideravano Marie van Spigherl, una santa. Guariva con l'imposizione delle mani e vedeva il futuro con abbondante anticipo.

Si contavano oltre quaranta guarigioni per sua intercessione ma, migliaia erano i casi in cui si ritirava disperata scuotendo la testa per dire: " Nulla si può!" Mentre il suo incarnato perdeva il colorito, i suoi occhi guardavano intorno come per individuare la morte che si aggirava nei luoghi circostanti.

"Cosa pensi Marie di questa cura del vaiolo portata dall'Inghilterra?" Chiesero le sorelle.

"E' utile e salverà migliaia di vite umane."

"Ma il parroco dice che è contrario alla morale ed è peccaminoso perché sono usati umori infetti di bestie". Replicarono le consorelle.

"Come l'agnello di Dio salva l'anima, possa il vitello dell'uomo salvare il corpo." Così dicendo Marie chiuse gli occhi e non volle più parlare della questione.

Intanto la notizia s'era sparsa per la città e per la campagna e cominciarono ad arrivare frotte di curiosi da ogni dove, a piedi, a cavallo, su barche e barconi lungo i canali fumosi e tutti a chiedere notizie dei medici e del bestiale antidoto guaritore.

Dopo due settimane che i medici avevano lasciato Bruge, il consiglio cittadino e il borgomastro, sotto la pressione della popolazione e con il beneplacito delle beghine, acconsentirono alla vaccinazione che fu prescritta negli ospedali e nelle case pubbliche di pietà anche se la Chiesa continuò a osteggiare quella terapia ritenuta oltre che inefficace, immorale.

§§§

Charlotte era instancabile nelle sue attività sanitarie dirette alla cura del benessere fisico degli operai della filanda e soprattutto dei bambini che continuavano a morire di vaiolo. Anche la salute aveva beneficiato delle migliori condizioni di vita, create da Euridanio, ma quel morbo infame mieteva vittime ogni giorno.

Una fredda mattina di gennaio tra gli opifici e le case, dopo aver trascorso l'intera nottata in preghiera sotto il grande olmo, si aggirava, sbilenca, Rosa Tracieloeterra. Guardava, con occhi benevoli, le cose intorno e toccava la testa dei bambini che le andavano vicino. Due ciuffi di capelli bianchi uscivano dal fazzoletto d'orbace che portava in testa. Le mani, ancora paffute nonostante la magrezza del suo corpo, indicavano, si distendevano e si agitavano come se parlassero tra loro con un linguaggio sconosciuto.

Fermò uno degli operai che stava passando e gli chiese: " Dov'è la contessa bionda che devo parlarle?".

"Credo che sia andata nella sala della salute, giù in fondo a destra, la seconda porta. Venite vi accompagno io".

Charlotte e altre due donne con catini e panni di lino pulivano le pustole dei cinque malati ospiti della sala. Lo speziale aveva finito di strofinare gli infermi con succo fresco d'equiseto, si stava lavando le mani e mentre si approntava per uscire balbettava: "Questo serve a poco. *Non contraria contrariis curantur, ma similia similibus curantur*".

"Signora contessa.. " cominciò Rosa, " ..durante la notte nei miei occhi sono passate tutte le anime dei fratelli morti a causa di questo terribile morbo. Ho visto madri piangere per i figli, mogli per i mariti e bambini per i genitori ma per ogni pestilenza Dio ci procura il rimedio per alleviare le sofferenze.

Ho visto un uomo, bello come l'Arcangelo Michele, che con sciabola d'oro decapitava il mostro che sta ingoiando vittime innocenti in tutto il mondo. Egli ci salverà col sangue dei sacri giovenchi che saranno sacrificati per noi uomini.

Signora contessa, quest'uomo si trova vicino ai vostri genitori, il cui pensiero per voi, mi ha sfiorato e mi ha dato la facoltà di vedere. Andate! Essi v'indicheranno la via per trovare il rimedio.

Mentre l'Arcangelo cammina nelle umide terre della città vostra, attraversa i ponti dei fumosi canali ed entra nelle case, le brume si diradano ed il morbo scompare.

Andate signora contessa! Tornate a casa vostra e portateci la medicina della salvezza".

Charlotte non seppe cosa rispondere e chiese: " Ditemi Rosa i miei stanno bene? Sono in pericolo?"

" No" fece Rosa, scuotendo il capo " per i vostri non ci sono pericoli ma da loro potrete ricevere notizie utili per salvare i nostri giovani".

Non disse nient'altro e si allontanò.

Quindici giorni dopo Charlotte, accompagnata da Miviano, s'imbarcò a Messina su una nave francese che faceva rotta per Le Havre e quattro mesi dopo era di ritorno a Stenopoli con il rimedio e con l'assistente Bruker.

§§§

L'inverno del novantanove si avviava al termine e così, sembrò a Euridanio, si avviasse anche la fine dei Borbone.
I francesi da qualche mese erano entrati a Napoli e sarebbero presto arrivati anche nell'estremo sud, ma bisognava anticipare i tempi per l'avvento della democrazia.
Il capitano della guardia civica di Stenopoli era allora Domenico Fagiani segreto simpatizzante delle idee giacobine ed amico di Euridanio al cui richiamo rispose subito insieme a don Giovanni Sergi avvocato, al cavaliere Antonio Vergaio, al notaio Filippo Amendolara al notabile don Domenico Bueti e suo figlio e altri rappresentanti della categoria dei proprietari e commercianti nonché ultimo Miviano vecchio amico e compagno di Euridanio in tante avventure in su e giù sulle sponde del fiume.
Miviano carpentiere maestro di frantoi, era l'unico rappresentante della categoria degli artigiani e del popolo basso in quel circolo di giacobini.
Era arrivato il tempo di uscire allo scoperto abbattere il potere realista borbonico e innalzare l'albero della libertà.
Si diedero appuntamento nella piazza del paese per la domenica successiva mentre nel frattempo ognuno s'incaricava di particolari compiti.
Nei giorni che precedettero la domenica, furono distribuite armi e polveri e furono avvisati i giacobini dei paesi vicini affinché convenissero a Stenopoli quella mattina di domenica.
Un bel sole preannunciava la fine dell'inverno e infondeva grandi speranze in chi anelava al cambiamento.

In prossimità di Stenopoli un gruppo di cavalieri provenienti da Castel Saraceno, prima d'entrare in paese, si appuntava sul petto una coccarda tricolore sotto gli occhi perplessi dei contadini intenti a raccogliere le ultime olive.

Entrando in paese, al drappello si univano a mano a mano altri cavalieri che ingrossavano le fila.

Una schiera di sei o sette servi capeggiati da don Carlo Aracri e da tre suoi cugini, diede l'assalto al grande olmo presso il vecchio muro e quando le scuri cominciarono a intaccare la scorza, uno stormo di merli si levò in volo per allontanarsi dalla pianta scossa da due lati.

"Sant'Antonio benedetto!" esclamò un monaco del vicino convento che per primo si accorse di quanto stava per accadere.

" Non tagliate quell'albero è il simbolo del paese, lasciatelo stare per amore di Sant'Antonio ."

" Vai a farti fottere, tu e il cittadino Antonio" rispose Don Carlo " e ora levati da qui perché se l'albero ti cade addosso vedrai subito tutti i santi".

L'albero, legato a un carro tirato da buoi, fu scortato fino in piazza dove venne issato mentre una fanfara rustica intonava un inno che con molta fantasia poteva assomigliare alla marsigliese. In cima all'albero della libertà fu posta una berretta rossa bucata in più punti.

" Come quella berretta la testa del tiranno borbone sarà rotta".

Poi in coro con i cugini che gli davano man forte attaccarono l'inno:

"Viva l'albero innalzato
Della nostra libertà.
Sorgi o piant'avventurosa
Ergi il tronco e i rami in alto..."

L'albero sacro a Rosa Tracieloeterra e alle sue antenate, ai ragazzi del *firri* ed alla popolazione intera, acquistò una nuova santità epilogo lieto e triste della sua esistenza.

§§§

Il sindaco don Pasquale De Dominici, realista e antigiacobino si chiuse dentro casa e così fecero gli altri notabili della sua stessa fede che armarono i servi per l'evenienza di uno scontro.

Antonio, Rocco, Sauro, Naso di Cane e insomma tutti quelli che possedevano soltanto un nome e cognome oppure un soprannome e che tiravano la zappa per quattordici ore al giorno, che raccoglievano le olive da terra una a una con piedi nudi e geloni alle mani, guardavano senza capire perché quei galantuomini facevano festa mentre altri galantuomini impauriti si chiudevano dentro e si armavano fino ai denti.

Proclamata la municipalità, furono inviati dispacci in tutti i paesi per richiamare i giacobini a Stenopoli al fine di organizzare e opporre resistenza all'orda famelica del Cardinale Ruffo che sbarcato in Calabria da Messina, era giunto a circa venticinque miglia.

Le forze che si riunirono intorno a Euridanio erano costituite al massimo da trecento persone mentre l'orda del Ruffo cresceva di giorno in giorno ingrossata da migliaia di diseredati, affamati ed avventurieri che si univano con l'intento di saccheggiare quanto avessero trovato sul cammino e specialmente nelle case dei galantuomini, fossero stati giacobini o realisti.

Don Domenico Bueti e suo figlio Giacomo furono strenui sostenitori della tesi secondo cui era meglio marciare contro il cardinale Ruffo dal momento che i trecento giacobini tutti uomini d'armi avrebbero con facilità sopraffatto l'orda scomposta di straccioni codardi e di preti borbonici. Euridanio però valutando bene la situazione aveva capito che i seguaci del cardinale erano animati dalla disperazione, dal secolare odio verso i galantuomini e dalla speranza di buoni guadagni nel saccheggio.

Don Domenico rimproverò a Euridanio di non aver ordinato ai suoi operai e contadini di unirsi al loro gruppo ma il conte disse che non poteva e non voleva imporre a gente con figli e moglie, di fare una guerra che non sentivano. Anche a Miviano diede il consiglio di starsene a casa e badare alla famiglia ma questi si rifiutò commentando che il bene della sua famiglia era il progresso e la libertà.

I giacobini decisero quindi, di lasciare Stenopoli e di concentrarsi più a nord a Monteserra, dove era stata costituita un'altra municipalità e dove sarebbe stato più facile organizzare la difesa.

Il grosso delle forze repubblicane partì subito sotto il comando del capitano Fagiani mentre Euridanio con circa trenta uomini si occupò di reperire del contante dai vari sostenitori della causa e perciò si mise in viaggio a notte inoltrata.

La mattina, dopo che i repubblicani avevano lasciato il paese, suor Maria Baranti che aveva spiato dalla finestra le mosse dei rivoluzionari, uscì fuori imbracciando una scure, si avvicinò guardinga all'albero della libertà, si tirò su le maniche e la veste e cominciò ad abbattere il simbolo sacrilego, profanatore della vera fede e del vero re.

Alcuni ragazzi che il giorno prima si erano uniti ai canti e balli dei repubblicani, la guardavano incuriositi.

I movimenti convulsi con cui la suora martellava il tronco, tiravano ancor più su le vesti nere di panno misero.

Ogni tanto si intravedeva il biancore delle cosce imbrunite da una peluria reazionaria che salvaguardava la decenza dallo sguardo impudico, e giacobino dei ragazzi.

Un nugolo di religiosi giunse sul posto a dare manforte alla suora finché l'albero, squarciato da destra e da sinistra, si schiantò al suolo in un tremolio di foglie come di membra scosse dall'ultimo palpito di vita.

I giacobini scappati, l'albero abbattuto ed i ragazzi azzittiti e delusi dalla rapida fine di una vicenda che prometteva indicibili avventure segnavano forse la fine dell'insurrezione.

La speranza di democrazia era come un albero caduto, buttato a terra con tutti i rami.

Il drappello di giacobini, provenienti da Stenopoli, alle prime luci dell'alba stava attraversando un villaggio mentre schiere di contadini si recavano nei campi a lavorare.

" Maria santissima ! I briganti ! I briganti! Salviamo i nostri figli!". Gridò d'un tratto uno dei villani che di corsa raggiunse la chiesa e si mise a suonare le campane.

Si cominciò allora a gridare da tutte le parti sicché uscirono dai tuguri e dai pagliai centinaia di contadini armati d'asce, roncole e bastoni. Davanti a tutti corse il prete del luogo con la croce cucita sul petto e due pistole tra le mani.

" Fermatevi o siete morti!". Intimò a Euridanio e ai suoi.

" Non siamo briganti! Siamo uomini democratici che lottano per costituire un governo del popolo e per il popolo. Vogliamo leggi e giustizia per tutti, poveri e benestanti, laici e clero, con l'abolizione dei privilegi di cui godono i nobili." Disse Euridanio cercando di mantenere la calma.

" Certo " rispose il prete, " voi volete uno stato in cui sia abolita la vera fede, bruciate le chiese ed i conventi..." così dicendo puntò minaccioso le due pistole contro Euridanio "..ecco cosa volete voi amici dei francesi".

"Loro vogliono la libertà di sottometterci ancora di più". Gridò uno dei contadini imbaldanzito dall'animosità del religioso.

" Abbiamo visto cosa hanno fatto i galantuomini. Quando le terre erano della chiesa di San Rocco, pagavamo solo il *terratico*, con la Cassa Sacra sono diventati loro i padroni e ci hanno imposto affitti impossibili".

Euridanio cercò di mettere calma perché gli animi cominciarono ad accendersi dall'una e dall'altra parte.

"Vedete io sono il conte Arese di Villalta feudatario di Stenopoli, eppure il governo che voglio per la nostra patria è anche contrario ai miei stessi interessi però vi giuro che è ciò che più si aggrada alla libertà e al progresso del nostro paese e che può assicurare un migliore futuro ai vostri figli".

"Certo così potrai continuare a comandare sempre tu e i notabili tuoi amici è vero ?", fece uno della folla.

"Brutto cafone , villano, culo che non ha mai visto camicia", gridò Don Domenico Bueti.

Dalla folla partì allora una sassaiola che colpì uomini e cavalli . Alcuni giacobini fecero fuoco finché, circondati da decine e decine di contadini, furono bastonati e legati.

"Portiamoli nella chiesa.." tuonò il prete "..e domani andremo incontro al cardinale Ruffo per consegnarli a lui".

§§§

Il sole era già alto e filtrava dalle finestre istoriate spandendo riflessi multicolori nell'unica navata della chiesa. Giacomo Bueti piangeva la perdita del padre che per primo si era lanciato contro i cafoni uccidendone due, ma poi disarcionato venne sopraffatto e trafitto varie volte.

Da fuori arrivavano strilli di donne che piangevano i contadini caduti e imprecavano contro i fetenti galantuomini di cui reclamavano la testa.

Non ci fu bisogno di andare incontro al cardinale Ruffo poiché poco dopo mezzogiorno arrivò con le sue forze .

Il prete con le due pistole alla cintola andò a portare un tozzo di pane ai prigionieri mentre da fuori arrivavano i canti di vittoria dei realisti:

"..a lu sonu di li violini
sempri morte ai giacobini
a lu sonu di la grancascia

viva viva lu populu vasciu".

Dopo l'arrivo del cardinale, venne anche il vescovo di Monteserra il quale appurata la notizia della cattura di suo nipote Euridanio corse a supplicare clemenza.
    Euridanio e gli altri suoi compagni furono tradotti al carcere di Messina.
    La nave lasciava le coste calabresi ed Euridanio guardò in alto verso l'Aspromonte che avvolto nelle nuvole nascondeva i suoi misteri. Dall'altra parte le case e le strade di Messina splendevano al sole già primaverile. Con una infinita tristezza pensava che forse non sarebbe più ritornato al suo Tenopotamo e alla sua magica montagna.
    Il forte odore di salsedine attenuava appena il puzzo che esalava dalla stiva ma per fortuna il viaggio fu breve.
    Il primo mese di prigione Euridanio lo trascorse insieme ad altri dieci detenuti giacobini siciliani mentre poi venne trasferito in una cella molto più piccola e in apparenza da solo.
    Dopo qualche giorno la porta si aprì ed entrò un signore.
"Buon giorno! Mi chiamo Gerard Darmieu" disse il nuovo arrivato tendendo la mano a Euridanio. "Inutile precisare che sono francese, non sono giacobino ma mio malgrado mi trovavo in Calabria per studiare i fenomeni dei terremoti e il solo fatto d'essere cittadino di quella grande nazione, sembra ai borbonici una buona ragione per imprigionarmi. Credono possa essere una spia infiltrata".
"Io invece, mi chiamo Euridanio Arese di Villalta non sono francese ma sono giacobino ed ero alla testa della municipalità repubblicana eretta a Stenopoli, finita ahimè miseramente. Perciò mi trovo qui".
    Darmieu era uno studioso di astronomia, di fisica, di botanica, di minerali e rocce. Da ragazzo, dopo aver osservato in una calda notte d'agosto il fenomeno delle stelle cadenti, si era consacrato allo studio degli astri e dei loro movimenti.

Il giorno in cui un fulmine squarciò sotto i suoi occhi un cedro e mise a nudo le venature interne, il giovane studioso sostituì agli astri, le piante e gli alberi. Dopo una gita con suo padre alle gole del fiume Verdon in Provenza, agli alberi seguirono le pietre. Gli abissi si aprivano ai suoi piedi perdendosi in basso, fino alla striscia d'acqua verde che serpeggiava, stretta dalle ciclopiche muraglie naturali.

Darmieu volendo conoscere l'origine e la natura delle rocce, partì con zaino e piccozza per girare il mondo raccogliendo e classificando minerali, studiando grotte e anfratti, vulcani e soffioni, terremoti e maremoti.

Per cinque anni Euridanio e Darmieu divisero la cella e gli studi cercando di utilizzare al meglio il tempo poiché gli fu consentito di ricevere libri da parenti e amici. Darmieu, subito dopo il terremoto, aveva visitato Stenopoli ed esaminato i risultati di quel tremendo flagello per cui propendeva per la teoria *fuochista* secondo la quale il fuoco sotterraneo scavando grotte e canali provoca il movimento della crosta superiore che alle volte si spacca portando giù le montagne e scoprendo la roccia viva.

Erano già trascorsi tre anni in quella fortezza quando Euridanio si decise a scrivere a Charlotte invitandola a ritornare dai suoi, se ne avesse avuto voglia, liberandola nel contempo da ogni vincolo del matrimonio. Scrisse pure a suo cognato e sua sorella pregandoli di corrisponderle una sostanziosa somma per il suo rientro a Bruge e di assumere l'amministrazione dei beni di famiglia.

§§§§

I francesi erano tornati a Napoli da due anni mentre i Borbone scappati in Sicilia e difesi dalla flotta inglese, tenevano con un proprio presidio, anche l'isola di Capri.

Il quattro ottobre 1808 le forze napoleoniche, comandate dal generale Lamarque e dal generale Pignatelli Strongoli, attaccarono l'isola che fu presa soltanto dopo oltre un mese di lotta.

Don Girolamo Attiliano seppe, dal segretario della prefettura di polizia, che dopo la presa di Capri il re Gioacchino Murat, avrebbe rilasciato diversi prigionieri, restituito beni a nobili e galantuomini filoborbonici e richiamato esiliati. Allora attivò tutti i suoi buoni uffici per inserire il nome di Euridanio, ancora rinchiuso a Messina, nelle trattative che emissari governativi discutevano a Palermo per lo scambio di prigionieri.

Euridanio fu liberato il venti dicembre successivo dopo quasi dieci anni di carcere.

Erano trascorsi alcuni mesi dalla liberazione quando cominciò a pensare alla montagna e al benessere spirituale che ne provava dal contemplarla seduto sul balcone del palazzo.

La filanda era stata chiusa e i gelsi lasciati incolti, gli ulivi alti e frondosi avevano soppiantato vigna ed erbai e la loro ombra verde-argento ora incupiva i poderi già assolati.

Le terre feudali, ridotte e derubate da occupatori abusivi, adulatori e sostenitori dei potenti, borbonici o francesi che fossero, erano passate alle autorità municipali.

Dopo l'istituzione della Cassa Sacra, il nuovo ceto dei galantuomini, speziali, medici, notai, massari ed artieri che avevano avuto del contante per le mani, acquistarono le proprietà di chiese e conventi comprandole all'asta per pochi soldi.

Il palazzo degli Arese aveva perso l'aria altera. Euridanio lo sentiva estraneo come sentiva estranei sua sorella, il cognato ed i servi.

Era quasi al crepuscolo della vita ed anelava al riposo: a un lento viaggio di ritorno verso se stesso.

Euridanio dagli occhi tristi aveva deciso di vivere per sempre, da solo, tra i boschi della montagna.

I suoi anni erano quasi cinquanta ed altri dieci gli restavano da vivere.

Non cercava qualcosa di cui conoscesse o intuisse l'esistenza, voleva soltanto stare solo. Non disprezzava gli altri ma desiderava soltanto allontanarsene e imparare a vivere senza l'aiuto di nessuno.

La gente gli appariva inopportuna per cui, intendeva disfarsene scrollandola, per liberarsi e guardare in alto e lontano senza dover dar ragione o torto a nessuno. Camminare senza meta e non aspettare niente, annullando il prima e il poi rendendo ogni giorno uguale all'altro.

Il tempo è tiranno se intorno ci sono altri con cui misurarsi ogni giorno, se invece, si è soli, senza desideri e mete da raggiungere, non v'è nemmeno il dolore che nasce dall'impossibilità di realizzarle.

La potenza avvolta di mistero che emanava dalla montagna, lo aveva chiamato ed egli lasciando tutto e tutti era accorso, s'era fatto accompagnare dai servi i quali avevano scaricato le suppellettili e le provviste ed erano tornati a valle, increduli di quella decisione del conte.

I primi giorni in montagna, trascorsero pigri come se attendesse qualcosa o qualcuno che dovesse suggerirgli il da fare finché, una mattina svegliato dal sole, dopo una rinfrescata al ruscello si armò di scure e cominciò a tagliare rami di faggio per farne pali regolari. Voleva costruire un casolare solido e resistente alle intemperie.

Tutto il tempo necessario era a sua disposizione così ideò un progetto ambizioso.

Impiegò oltre sei mesi per realizzarlo, ma alla fine ammirò con orgoglio la sua opera.

Per pavimento usò tronchetti, squadrati a suon di scure, allineati uno accanto all'altro per consentire l'isolamento dal terreno.

Il rettangolo del blocco principale formava angoli retti con gli altri due blocchi minori posti ai lati. La porta e le finestre, rivolte a mezzogiorno, si aprivano su un porticato e nello spiazzo davanti, vi sistemò l'orto.

Nel blocco laterale di levante realizzò la neviera con una buca abbastanza profonda da contenere una buona quantità di neve e d'altre scorte. Una botola rendeva praticabile la superficie soprastante.

Il blocco di ponente lo pavimentò con mattoni d'argilla che fabbricò sul posto utilizzando come fornace una grande pietra d'arenaria friabile scavata da sotto per ricavare una volta. Poneva i mattoni freschi nell'incavo che chiudeva con altre pietre e poi accendeva un gran fuoco sopra.

Fabbricò un focolare d'argilla confortevole, per cuocere i cibi e per riscaldarsi e accanto vi sistemò un grande letto.

Il blocco centrale lo divise in due zone, in quella vicino alla neviera collocò la capretta e il cavallo e nell'altra tutte le sue cose: sementi, strumenti di lavoro, provviste, armi e polveri.

Per approvvigionarsi d'acqua costruì, sul dirupo, un balconcino sul quale scorreva una corda legata ad un secchio che pescava dritto nel ruscello sottostante.

Passava le sue giornate lavorando duro.

Si svegliava quando i raggi del sole penetravano tra i faggi e indoravano il prato intanto che piccole brezze scivolavano giù per i dirupi fino al mare.

Le sue mani cominciarono screpolarsi e a gonfiarsi di vesciche che si trasformarono in calli come quelli dei suoi contadini.

Quando il sole era a picco sul suo capo, faceva una pausa per il pranzo.

Utilizzava le provviste: pane secco e stoccafisso messo a mollo nel ruscello tenuto legato a una cordicella.

I colpi di scure rimbombavano per il bosco spaventando stormi d'uccelli che volavano via mentre qualche scoiattolo si fermava a guardarlo incuriosito. Anche una volpe all'imbrunire si fermava al margine della radura e spiava le sue mosse con gli occhi giallognoli. Euridanio lasciava pezzi di carne secca e si allontanava rimanendo in attesa di vederla ringraziare sbattendo l'enorme coda, per poi scomparire tra il frusciare delle foglie secche.

Qualche ora al giorno la dedicava alla raccolta delle fragole e delle more che poi faceva fermentare e ricavarci acquavite. Per questo realizzò un rudimentale alambicco con una pentola al cui coperchio allacciò un lungo tubo, fatto con un ramo di sambuco perforato e sigillato alla pentola con l'argilla.

Faceva una grande scorta d'acquavite per i rigidi mesi invernali. Distillava anche il succo di corbezzoli dei quali a poca distanza, esisteva un intero bosco.

Nelle fredde notti d'inverno insieme con un bicchiere di distillato, entrava il fuoco nelle vene e si riteneva pronto a guardare in faccia la morte.

In settembre e ottobre si dedicava alla ricerca di funghi che raccoglieva in grandi quantità e di diverse specie. Li metteva a essiccare oppure in salamoia e li utilizzava durante tutto l'anno.

C'era poi una specie che aveva un intenso profumo d'anice: piccoli e bianchi, li essiccava e li macinava nel mortaio riducendoli in polvere che utilizzava come spezie per altri cibi.

Conservava la selvaggina nella neviera oppure per periodi più lunghi sotto sale ma aveva anche imparato a fare salami con la carne di cinghiale.

Con il latte della capra faceva la ricotta e il formaggio, usando come caglio, il lattice di un fico selvatico che cresceva giù nel vallone ai piedi del pianoro.

Provò anche a far macerare ed essiccare la ginestra, come aveva visto fare ai contadini, per ottenere la stoppa da filare. I primi tempi l'usò soltanto per farci delle corde poi, provò a intrecciare i fili con un rudimentale telaio per ricavare del tessuto che combinava alle pelli ottenendo discreti abiti e coperte.

Un giorno d'ottobre attendeva alla raccolta di funghi e si allontanò notevolmente dal suo casolare. Aveva percorso diverse miglia seguendo i piani di cresta che portavano verso mezzogiorno.

Si era inoltrato in un fitto bosco di pini quando, sentì levarsi un canto prolungato.

Un coro greve rifaceva ogni verso intonato da un solista.

A ogni strofa il cantante gridava al mondo il suo sdegno per la donna che lo aveva rifiutato.

Almeno dieci uomini armati di accette affilatissime scavavano le piante di pino a circa due palmi dal terreno e poi poco sopra le incidevano.

Dopo qualche tempo che Euridanio rimase in silenzio a osservarli, vedendo che avevano smesso di lavorare per consumare la colazione, si avvicinò.

"Buon giorno a voi".

"Buon giorno e salute ". Gli risposero in coro.

Quello che era il solista nel canto disse:

"Di sicuro voi siete il conte Arese di Villalta. Giù, nella piana si è tanto parlato di voi. Tutti dicono che siete un grand'uomo."

"Si! E' vero sono io il Conte Arese, ma non sono sicuro d'essere un grand'uomo giacché non ho realizzato nessuno dei miei intenti per migliorare una volta per tutte le condizioni di vita della gente".

"E... signor conte! Tutti abbiamo dei sogni e speranze, avere l'amore di una donna, una casa, dei figli ma io, al vostro posto, di sicuro non avrei abbandonato gli averi per una qualunque delusione."

"Io non mi sento deluso.." continuò Euridanio ".. la vita non mi ha tradito è solo trascorsa, ho fatto quello che ho potuto, adesso sono in discesa ed il tempo sembra scorrere più veloce per arrivare alla fine".

Il solista era curioso di sapere cosa potesse passare nella testa di un nobile ricco, per abbandonare tutto il ben di Dio di ricchezze e andare a vivere da solo tra i boschi della montagna.

"Certo, siete venuto in montagna per pregare. Tanti grandi uomini hanno fatto così. Voi volete diventare un santo. Avete fatto tanto bene alla povera gente e ora sperate di diventare santo.

Il nostro curato ci parla sempre di tanti santi che hanno lasciato ricchezze e onori per andare a vivere nelle grotte e fare penitenza.

Anche San Rocco era ricco e nobile ed ha lasciato gli onori e gli averi per curare i poveri ".

Quando Euridanio capì che il boscaiolo s'era fatta una sua idea, non ebbe il coraggio di contraddirlo ma neanche di assecondarlo e disse: " Cosa volete, nella vita ci sono momenti nei quali bisogna fare delle scelte. Io, ho fatto questa di vivere da solo."

Non disse del suo agnosticismo né del suo anelito alla solitudine per puro bisogno intellettuale e non religioso. Sarebbe stato difficile spiegarlo.

"Questo vostro lavoro in cosa consiste? Perché fate quelle incisioni agli alberi?"

"Noi siamo *stellatori*. Incidiamo i pini per ricavare la pece. Vedete, pratichiamo uno scavo nel tronco e poco più sopra un'incisione. A primavera da quest'ultima comincerà a trasudare la resina che si raccoglierà giù nella cavità. Distillando la resina si otterrà quella che viene chiamata pece greca o colofonia usata dagli speziali e dai pittori.

L'anno successivo partendo dalla cavità già praticata, si scava il tronco per almeno due palmi verso l'alto ottenendo pezzi di legno resinoso che chiamiamo *stede*. Le *stede* sono accatastate nei forni sui quali si accende il fuoco dall'alto, mentre dal basso scorre l'umore resinoso nella caldaia. L'umore, raffreddato altro non è che la pece nera usata specialmente per calafatare le imbarcazioni.

Questo è un lavoro che le nostre famiglie praticano da secoli. E' duro poiché ci costringe a stare in montagna per tanto tempo e a salire e scendere per le fiumare e gli scoscesi.

Eh!...La natura pretende molto da noi poveri cristi però, allo stesso tempo, è generosa perché ci fa campare".

"Fiumare e montagna prendono e danno ma solo l'uomo è veramente crudele o generoso". Disse Euridanio.

"Signor conte restate con noi a mangiare qualcosa, lo sapete che ci fate una cosa molto gradita?"

Euridanio accettò volentieri, si sedette con loro in cerchio e prese un pezzo di pane, formaggio e olive insieme a un bicchiere di vino.

Dopo la pausa per il pranzo, il solista si sputò le mani, imbracciò l'accetta e ricominciò a sferrare colpi su colpi e a intonare, a quel ritmo, un'altra canzone nella quale il protagonista avvisava gli avversari e pretendenti d'avere messo gli occhi su una ragazza e quindi di stare alla larga da lei se volevano evitare guai:

" *In questa strada ci piantai una rosa*
nessuno può toccarla ch'è la mia
se c'è qualcuno che domanda cosa
che venga fuori a parlar con me
già i coltelli son ben affilati
e ognuno porti pure i feriti
e se li porto io starò contento
se li portate voi infamone siete".

Dopo aver osservato ancora per un poco quegli uomini dalle mani callose, Euridanio salutò ed allontanandosi udiva ancora il coro che ripeteva ciascun verso enfatizzando ogni finale con il prolungamento dell'ultima sillaba.

§§§

Quando le albe doravano le cime aspromontane e lo svegliava il canto degli uccelli, preparava lo zaino con un poco di provviste, imbracciava il fucile e partiva per esplorare il territorio.

A distanza di circa due miglia dal suo accampamento, passava un tratturo di cresta che correva attraverso i boschi e le brughiere verso mezzogiorno per cinquanta miglia fino ad arrestarsi alla base della cima di Montalto. All'opposto, verso il nord, la pista continuava per altre venti miglia fino a perdersi in un profondo e largo burrone reso meno aspro dai lecci che pendevano dalle rocce e al cui fondo biancheggiava, accecante, la *fiumara* che separava l'Aspromonte dalle Serre.

Nelle calde giornate d'agosto percorreva tutto il tratturo verso sud, trascorreva la notte in una grotta situata su un costone rivolto sullo stretto e poi la mattina andava dritto verso Montalto, le cui possenti rocce scure svettano sopra i pinastri.

Arrivato in cima sedeva, in capo al mondo, proprio sul dirupo centrale guardando giù verso l'Africa: il mare Ionio da un lato e il Tirreno dall'altro.

Aveva imparato ad interpretare i primi segnali di un temporale e a valutare la velocità delle brume che dalle pianure salivano per i valloni e le forre.

Era gennaio e il giorno iniziava chiaro e sereno.

Si mise a esplorare una zona di mezza costa dalla quale scendeva un ruscello con salti d'acqua e incantevoli cascate. Qua e là un poco di neve persisteva dove non batteva il sole. Seguì il corso del ruscello aggirando le cascate finché, giunse in un posto dove il salto era notevole e si formava un largo specchio d'acqua ricco di trote. Sulla destra si apriva un'estesa radura al cui centro troneggiava un megalite e in giro altri massi come giganti seduti intorno al tavolo. Rimase per ore in quel posto a osservare i sassi, voleva capire se era stato uno scherzo della natura o la mano dell'uomo a modellare quei monoliti.

   S'era attardato oltre il vespro quando cominciò di colpo a salire la bruma fitta e veloce. Si guardò intorno e notando il rapido offuscamento del luogo, si mise subito in cammino per risalire il ruscello. Camminò per tanto tempo senza riuscire però a ritrovare la pista principale.

   Cominciò a cadere la neve fitta, aveva un poco d'acquavite e di provviste ma non poteva passare la notte all'addiaccio.

   Pensò allora che l'unica soluzione fosse quella di seguire il declivio del terreno poiché scendendo sempre verso valle sarebbe in ogni caso, arrivato in qualche posto abitato.

   Era sfinito, cominciava a non sentire più i piedi, le mani e il naso ma, nonostante ciò capiva che poteva salvarsi soltanto camminando verso valle, verso il mare fosse lo Ionio od il Tirreno.

   Si chiedeva se non fosse arrivata la sua ora e ammetteva che non era ancora preparato o meglio non lo era come avrebbe voluto. Del resto Castalia era morta da oltre trentacinque anni quindi lui era più che fortunato a esserle sopravvissuto per così tanto tempo.

   Dopo estenuanti ore di marcia udì abbaiare un cane e andò in quella direzione quando vide una tenue luce proveniente da una piccola casa.

    Bussò alla porta e appena questa si aprì, fece in tempo a vedere una donna enorme, spaventata con un lungo coltello in mano, che cadde per terra privo di sensi.

   Si svegliò la mattina in un letto che occupava quasi i due terzi della stanza, mentre nel resto vi era sistemato il focolare e una scala a pioli che portava al piano superiore della minuscola casa e nell'angolo più lontano intravide una porta bassa da cui si accedeva a una stanzetta nella quale ruminavano, silenziose, un paio di caprette e qualche pecora. Il tetto era fatto di spesse fascine di ginestra ed erica montate su una leggera capriata di castagno. Sui muri fuligginosi, di fronte al focolaio, v'erano appesi vari strumenti: una caldaia, alcune forme di giunco per la ricotta e per il formaggio, un caglio di capretto affumicato, un mastello piatto, un cucchiaio di legno perforato.

Sollevò la testa e si guardò intorno ma non aveva la forza di alzarsi.

Era febbricitante, la lunga marcia sotto la tormenta lo aveva completamente fiaccato. Si rigirò nel letto e si accorse d'essere nudo, avvolto in quelle coperte di ruvidissima lana e d'avere le gambe unte di grasso, forse sugna di maiale.

Dopo qualche istante si aprì la porta ed entrò la donna che guardandolo sorrise.

Aveva occhi neri e nere trecce che ricadevano sulle spalle larghe e possenti.

Cominciò ad armeggiare intorno al focolaio e dopo qualche tempo venne a imboccargli una tazza di latte caldo, ricolma di miele.

Nel frattempo si udì la voce di due bambini chiamare dal piano di sopra.

Senza dire nemmeno una parola la donna riempì due ciotole di latte e salì la scaletta.

Trascorse tutto il giorno nel letto caldo mentre la donna girava intorno sempre indaffarata e i bambini giocavano vicino al focolare.

Durante il dormiveglia era assalito, ogni tanto, da improvvisi brividi di freddo ed era felice d'essere in quel letto caldo e non fuori esposto alle intemperie.

Arrivò lesta l'umida caligine serale e insieme con essa, la notte. I bambini già si erano coricati e la donna si avvicinò al letto sul quale giaceva fiacco il conte, per porgergli una tazza di brodo bollente che sorbì con avidità. Poi, sempre senza dire nemmeno una parola, la donna si spogliò e del tutto nuda, andò a coricarsi al suo fianco.

L'abbracciò con una voluttà subito corrisposta e intanto che si levavano piccoli gemiti di piacere, dall'altra parte della casa echeggiava il belato di una capra che si univa in assonanza felice al brusio del coito.

L'amplesso contrassegnato dal belare della bestia e dal lezzo esalato dalle coccole della stalla, fu selvaggio ma piacevole.

Euridanio si addormentò con la testa tra i bianchi seni che gli ricordavano una sera ventosa nel letto di Rosa Tracieloeterra.

Non rivide mai più quella donna.

Spesso la sognò: enorme, abbondante, spaventosa con il coltello in mano e allo stesso tempo dolce, amorevole ed eccitante.

Quella notte il corpo della donna aveva subito una transustanziazione con il Dio Natura o meglio la natura era diventata donna e per lui era arrivata la piccola morte. Quando invece il suo corpo, stanco di battaglie e di inutili attese, si sarebbe liquefatto nel Dio Natura sarebbe arrivata la gran morte.

§§§

Dormiva profondamente quando la sgradevole sensazione di un oggetto freddo sul volto lo fece svegliare di soprassalto.

" Non ti muovere altrimenti ti sparo !" Disse una voce che ruppe il silenzio come un sasso rompe l'immobilità dell'acqua di uno stagno.

Aprendo gli occhi Euridanio, vide la luce di una lanterna ed una faccia barbuta sulla quale s'apriva una bocca disgustosa con una sfilza di denti cariati.

Una pistola era puntata sulla sua guancia.
" Caro signor conte da molto tempo non ci vediamo. Spero ti ricorderai di me? Sono il fratello di Nico, il ragazzo che tu e i tuoi amici più di quarant'anni addietro avete ucciso a furia di punture di coltello. Avrei voluto incontrarti nel novantanove quando ero insieme al cardinale Ruffo ma non ho fatto in tempo perché ti avevano già catturato. Ho sognato per anni di fartela pagare e ora è arrivato il momento.

Eccoti carta e penna per scrivere alla tua amata sorellina!

Devi dirle che la testa di suo fratello sarà appesa a una picca ed esposta a disposizione dei tafani e dei vermi se non ci verserà cinquemila ducati!

Accludi alla lettera la tua collana e ricordale che senza pagamento non ci sarà più un collo per appenderla".

"Non è la vendetta che ti anima perché tu sai benissimo che nessuno voleva uccidere tuo fratello e che è stata una disgrazia. Sai pure che io non c'ero all'atto dell'esecuzione della sentenza emessa dalla famiglia del *firri*. Tu sei animato soltanto dall'odio verso i galantuomini e i nobili.

Non sei sazio delle stragi e razzie commesse prima e dopo il novantanove?":
" Stai zitto e scrivi non capisci che sono io ad avere il coltello dalla parte del manico?".
" Posso assicurarti in anticipo che mia sorella non pagherà. Mio cognato non tirerà fuori nemmeno un soldo. La mia morte gli darà anzi una maggiore sicurezza di godimento dei beni degli Arese di Villalta. Se mi ammazzi forse gli farai un favore quindi, non pagherà".

"Allora vuol dire che sei sfortunato, caro conte e che dovrai morire. In ogni modo eccoti carta e penna. Scrivi!". Rispose il brigante, avvicinandogli il foglio con la mano sinistra mentre con la destra gli premeva la canna della pistola sulla guancia.

Euridanio con riluttanza scrisse la lettera sotto dettatura e mentre i briganti armeggiavano con le corde, ripensò al passato e gli sovvenne il volto di un ragazzino di nome Pico, fratello minore di Nico il pellagroso, dagli occhi piccoli e tondi scavati come buchi e dal viso minuto e cattivo.

A sedici anni "Occhi di Buco" era partito per Palermo sulle tracce del fratello maggiore Andronico, calzolaio, che a sua volta aveva lasciato Stenopoli da oltre un anno.

Arrivò in quella città con il vestito buono, giubbetto scarlatto, calzoni verdi fregiati alle ginocchia con nastri, cappello a cono e sciarpa rossa di seta ravvolta alla vita nella quale, era nascosto il coltello con il manico di radica d'erica.

Cominciò a chiedere notizie di suo fratello presso i calzolai della città trascinandosi a piedi dal porto verso il centro. La sua aria di pulcino indifeso, vestito a festa, sollecitò l'ilarità di un gruppo di ragazzi che presero a schernirlo.

Pico con un'apparente calma senza dare importanza alla cosa, si avvicinò alla compagnia e disse: "Perché ridete?".

" Perché ridete.." dissero quelli in coro, facendogli il verso e continuando a ridere " piccolo pulcino, piccolo pulcino dove hai lasciato mamma chioccia..ah..ah..ah..?".

Pico schiuse le labbra come se la cosa facesse ridere pure lui, poi con la velocità di un fulmine tirò fuori il coltello e ferì quello che più degli altri incalzava nella derisione, procurandogli una profonda asola di tre dita. Sbalorditi dalla rapidità della mossa inaspettata e dalla decisione del ragazzo, gli altri si allontanarono con speditezza tirandosi dietro il ferito e pronunciando imprecazioni e minacce di vendetta.

Passarono soltanto poche ore e gli sbirri, in base alla descrizione che ne avevano fatto e alla sua inconfondibile figura, lo arrestarono mentre stava per entrare in una calzoleria a chiedere notizie.

Dopo quattro giorni di carcere trascorsi con malviventi di tutte le risme fu chiamato dalle guardie che gli dissero: " Vieni con noi".
"Dove mi portate?".
"Non preoccuparti sei fortunato ti vuole parlare uno dei più importanti *conciaroti*".
" Ma chi è? Che cosa vuole da me?".
"Non sai chi sono i *conciaroti*?" Chiese la guardia.
"No! Non lo so!".
"Sono gli appartenenti a una setta o associazione, come la vuoi chiamare, che controlla un intero quartiere di Palermo dove né guardie, né ufficiali delle corti civili osano mettere piede. Essi si amministrano con le loro leggi misteriose all'interno di quella zona della città che è la più bassa e sudicia, divenuta ormai ricettacolo d'assassini e ladri. Ogni tanto però qualcuno cade nelle mani della giustizia e lo portano qui da noi".
"Ecco!" Disse poi, indicando la porta di una cella posta alla fine del lungo corridoio.
"Siamo arrivati entra qui dentro. Quando avrai finito verremo noi a prenderti e stai tranquillo."
Lo fecero entrare e richiusero la porta dietro le spalle di Pico.
Un uomo di mezza età stava appoggiato alla strombatura dell'ampia finestra e guardava fuori. Dopo qualche istante si girò con calma e chiese : "Come ti chiami signorino?".
"Pico Azzanone".
" E da dove vieni?".
" Vengo da Stenopoli un paese della Calabria Ultra. Cerco mio fratello Andronico venuto a Palermo da più di un anno perché mia madre vuole vederlo prima di morire. Io e lui siamo rimasti gli unici figli maschi mentre altri quattro sono morti chi per disgrazia e chi per il vaiolo".
" E quindi tu sei il fratello di Andronico Azzanone?".
" Sì! Perché lo conoscete?".

" Certo che lo conosco". Disse l'uomo, avvicinandosi a Pico mentre si apriva in un largo sorriso e gli appoggiava una mano sulla spalla. " E' il mio migliore amico. Insieme abbiamo vissuto numerose avventure. Abitava vicino casa mia.
 Le donne lo hanno rovinato perché..., come dire..., attaccando bottone con tutte ci si trova a infastidire anche quelle che non sono libere.
 Un fratello geloso lo affrontò coltello in mano mentre era intento al suo lavoro nella bottega del calzolaio mastro Gesualdo Partino ma, Andronico è svelto quindi, con un solo colpo di trincetto gli ha spaccato il cuore. Poi si è rifugiato nel quartiere di Camatra dove ha trovato amici come me con i quali si è messo in affari.
 Abbiamo fatto molti lavori e guadagnato bene ma a seguito di una infame spiata io mi trovo in questo carcere e tuo fratello, ch'era riuscito a scappare è stato arrestato a Catania.
 Ma, da quello che m'è stato riferito, anche tu sei svelto ah? Mi hanno detto che hai fatto un bel regalo a quel ragazzo."
 " Io ero per i fatti miei, sono stati loro a prendermi in giro e a sfottermi e poi quando qualcuno ha nominato mia madre non ci ho visto più e..."
"Non preoccuparti Pico hai fatto il tuo dovere. So come vanno queste cose. Quello sciocco imparerà ad avere rispetto della gente e a farsi i fatti suoi.
 Ora, sentimi bene, quando uscirai dal carcere puoi andare a Camatra, gli amici miei e di tuo fratello saranno tuoi amici.
 Vedi noi apparteniamo ai *conciaroti* ci aiutiamo, ci vogliamo bene e seguiamo le regole dell'associazione alla quale, essendo fratello di Andronico potrai appartenere pure tu."
 " Vi ringrazio di cuore signor?...", "Oreste Gitto" disse quello battendogli ancora la mano sulla spalla.
"Vedete", continuò poi Pico "..io non ho intenzione di restare in Sicilia e poi non sopporto regole e leggi che non siano le mie. Io amo i boschi, le fiumare e le montagne non saprei

adattarmi a vivere qui e poi debbo tornare al paese dove un giorno o l'altro voglio fargliela pagare ad alcuni nobili e galantuomini che hanno rovinato la mia famiglia". "Ragazzo fai come credi, ma quando esci di qua vai a Camatra e rivolgiti a Tano il Pittore. Sai, lo chiamano così perché quando fa uno sfregio con il coltello disegna come se fosse una matita sulla carta, invece che lama sulla carne ah…ah..ah.., però per gli amici è sempre a disposizione. Tano ti aiuterà in quello che ti serve e ti darà tutte le notizie su tuo fratello. Ah! Dimenticavo, quando entri nel quartiere Camatra, mettiti un fiore bianco all'occhiello del giubbetto oppure un fazzoletto verde al collo, cosicché chi di dovere, capirà che sei un amico e ti condurrà dove devi andare".

"Vi ringrazio per la vostra benevola accoglienza signor Gitto e spero di poter ricambiare".

"Cosa da niente, è! Vai, tra qualche mese uscirai e ricordati che una delle cose più belle della vita è l'amicizia. Poter trovare amici in ogni paese dove vai è una cosa che fa scaldare il cuore e sputare sui soldi che non valgono niente".

Pico trascorse oltre sei mesi di carcere per quel reato ed all'uscita andò dritto verso la Camatra legandosi al collo un vistoso fazzoletto verde come gli aveva raccomandato il signor Gitto.

Dopo aver girovagato per una buona mezz'ora nel quartiere, fu avvicinato da due giovani dalla faccia talmente sporca che sembravano africani, i vestiti sdruciti, i capelli neri arruffati e tenevano la mano destra sul manico del coltello infilato nella cintola.

Per l'abbigliamento di Pico avrebbero voluto ridere, ma si trattennero alla vista del fazzoletto al collo che indicava appartenenza o in ogni caso amicizia con qualcuno dei *conciaroti*.

" E' lecito porgerti una domanda? Chi sei? Chi cerchi?". Disse uno dei due piegando a sinistra la testa nell'attesa di una risposta.

" Sono Pico Azzanone, fratello di Andronico e vengo a nome di Oreste Gitto che ho conosciuto in carcere e mi ha detto di venire a trovare Tano il Pittore".

" Se sei fratello di Andronico e amico di Oreste sei il benvenuto, vieni con noi ti portiamo da Tano. Ricordati però che se quello che dici non corrisponde alla verità potrai uscire dalla Camatra, soltanto in un otre per andare nella fossa".

Tano era un omaccio con un respiro asmatico sibilante che gli impediva di parlare liberamente. Si asciugava di continuo il sudore che gli imperlava la fronte con un fazzoletto nero di luridume col quale si sventagliava, poi con la bocca aperta soffiava come se tale gesto fosse utile a raffreddare l'aria surriscaldata.

"Eccomi qua", disse poggiando i gomiti sulla tavola bassa rettangolare "cosa possiamo fare per te?".

" Mi manda Oreste Gitto, io sono …….."

" Si ….non preoccuparti…sa.. uff,,, uff.. sappiamo tutto di te. Le notizie dal carcere arrivano presto qua. In quanto al ragazzo che hai infilzato, c'è stato riferito l'accaduto e hai fatto bene a fare quello che hai fatto, anzi se fosse capitato a me, con la punta del coltello, gli avrei disegnato le corna di suo padre sulla guancia. Ora, qua puoi fare quello che vuoi, proprio come se fossi a casa tua, mangia, bevi e riposati, poi ci informerai sulle tue intenzioni per approntare quanto occorre".

" Io vorrei andare a Catania a trovare mio fratello in carcere. Voi avete notizie?".

"Adesso siediti, mangia e riposati tranquillo dopo parleremo".

Gli portarono un piatto di ceci, pollo e vino e lo lasciarono solo.

Seduto al tavolo che masticava, Pico guardava fuori dalla finestra spalancata e osservava quelle case basse, fuligginose ed i nugoli di ragazzi cenciosi che schiamazzavano. La voce di un venditore ambulante tremolava lontana come quella di un muezzin sul minareto. Qualcuno scacciò i ragazzi, si fece silenzio e la voce lontana del venditore propiziò il sonno di Pico che si addormentò.

Si svegliò che il sole stava calando e trovò Tano sbuffante seduto sull'uscio col fazzoletto in mano che si asciugava la fronte imperlata.

"Siediti accanto a me". Disse. Poi continuò: "Tuo fratello tra qualche settimana avrà la sentenza. Per adesso sta bene e se lo desideri potrai anche fargli una visita".

"Certo che lo desidero voglio partire al più presto."

"Non avere fretta mio caro, tra un paio di giorni partirai, per ora resta qua calmo a riposarti, ti diremo noi quando è l'ora di andare".

Una settimana dopo, di quel luglio infernale, Tano il Pittore lo chiamò e gli porse una lettera e un rosario di piccole conchiglie.

"Questa lettera la porterai a don Tino Canassi di Zimarrosa galantuomo di Catania con il quale... diciamo così, intratteniamo rapporti di affari, noi badiamo ai suoi averi in Palermo, vigiliamo affinché nessuno possa danneggiare o trafugare mobili e suppellettili dal suo palazzo e Don Tino ci versa un corrispettivo per questi servigi e ci tiene di gran conto.

Otterrà per te il permesso di far visita, in carcere, a tuo fratello".

Lasciò Palermo alle prime luci dell'alba, con un mulo e un poco di provviste e giunse a Catania a notte inoltrata del giorno dopo.

Invece d'entrare in città preferì restare in campagna.

Imboccò una *trazzera* che serpeggiava nell'ampia piana sovrastata dal fumante Mongibello e sotto una siepe che la separava da un giardino d'aranci, trovò riparo per trascorrere la notte.

Don Tino Canassi di Zimarrosa, l'indomani, lo ricevette con affabilità e gli assicurò che si sarebbe subito interessato della cosa.

" Gli amici dei miei amici di Palermo sono miei amici." Disse. "..Farò quanto è in mio potere per farti visitare tuo fratello in carcere. Sarai nostro ospite per tutto il tempo che serve e dormirai negli alloggi della servitù".

" Vi ringrazio per tutto quello che farete per me e per mio fratello e di conseguenza in qualunque tempo vi abbisognano due braccia e un coltello sono a vostra disposizione".

" Va bene caro Pico ho capito se occorre... saprò disturbarti".

Bighellonò per casa Zimarrosa per diversi giorni in attesa di novità che non arrivavano e nel frattempo pose i suoi occhi piccoli su di una servetta di nome Nerina che, passandogli accanto, lo guardava con disdegno come un'altera nobildonna guarda un servitore. All'ora di pranzo si sedeva di fronte per guardarla negli occhi e lusingarla con complimenti che la ragazza faceva finta di spregiare.

Una mattina mentre stava per uscire nel cortile arrivò Nerina che disse: "Ti vuole il padrone, vieni con me. Credo che abbia notizie di tuo fratello".

Pico la seguì per i corridoi finché, lo introdusse in una stanza dal soffitto affrescato al cui centro, s'ergeva il Mongibello eruttante fuoco e fiamme con scintille che cadevano giù per le pareti inondando di luce scarlatta l'intero ambiente. I bagliori sanguigni lambivano le cornici dei grandi quadri, raffiguranti il mare in tempesta con onde spumeggianti e orgogliose che si alzavano per contrastare il fuoco. Sul pavimento, in ceramica di Caltagirone, v'erano raffigurate cinque scene una al centro e quattro agli angoli della stanza: un pastorello con le pecore, una madre con il bimbo in braccio, un contadino appoggiato alla zappa, uno studioso con il libro in mano e al centro lo scontro di due eserciti con lo scintillare dei ferri e delle esplosioni mentre soldati e cavalli dall'una all'altra parte si guardavano ostili.

Uomini, animali ed elementi della natura combattono sempre una guerra che nessuno vince mai, ma che a ognuno serve per sentirsi libero.

La serva Nerina fece sedere Pico su uno sgabello e gli disse : "Aspetta qui che don Tino tra poco verrà".

"D'accordo mi siedo. Ma! Cos'hai sulla guancia? Guarda, guarda".

"Cosa c'è?" Fece Nerina portandosi la mano al viso.

" Ecco guarda". Disse Pico che avvicinatosi le diede un bacio sul viso.

"Maledetto montanaro, bastardo calabrese, sei proprio insolente". Gridò la ragazza e scappò via fingendo d'essersi offesa.

Don Tino, con la faccia triste, arrivò nella sua sopraveste di velluto scuro su cui spiccava una candida camicia con il colletto di finissimo merletto.

" Mio caro ragazzo.." disse " ..non…non c'è niente da fare. Ho parlato con parecchie persone, persino con il governatore. Tuo fratello purtroppo è stato condannato a morte. La sentenza sarà eseguita tra sette giorni…comunque domani potrai fargli visita tieni, questo è il permesso". Porgendogli il foglio, prese l'ampio cappello di feltro grigio trinato d'oro ed uscì.

Nerina, eccitata, dal bacio attendeva il giovane, nel corridoio ma vedendo il suo volto afflitto sul quale la piccola bocca sembrava quasi scomparsa, capì che qualcosa di grave era successo. Non ebbe il coraggio di continuare i rimproveri e anzi con tenerezza domandò: "Non ci sono buone notizie per tuo fratello?".

"Purtroppo è stato condannato a morte".

"Mi dispiace tanto ma si sa che sono sempre i poveracci a rimetterci. Lo sai come dice il proverbio? Quando il piccolo si mette contro il grande di sicuro piangerà".

" Non sempre sarà così, ci saranno giorni in cui farò piangere i ricchi". Rispose Pico che si avviò verso il carcere passando prima dallo speziale.

Nella prigione abbracciò a lungo suo fratello al quale parlò della madre, degli amici di Stenopoli e della sventura che perseguitava la loro famiglia. Andronico gli diede tanti consigli e lo raccomandò di tornare a Palermo da Tano il Pittore dove avrebbe trovato protezione e amicizia.

Il giorno dopo la visita, il condannato a morte Andronico Azzanone, morì e il medico attestò il decesso per avvelenamento da arsenico, qualcuno lo aveva somministrato al carcerato o meglio lo aveva fornito affinché non patisse le sofferenze della forca.

Tutte le guardie si mobilitarono alla ricerca del fratello che aveva fornito il veleno al condannato.

Nel frattempo Pico insieme a Nerina che gli aveva strappato la promessa di matrimonio, s'imbarcarono a Riposto su una tartana che portava grano duro in Calabria e dopo diverse ore di navigazione sbarcarono a Capo dell'Armi.

Di tutte le disgrazie della sua famiglia Pico incolpava i galantuomini anche della morte di suo fratello Andronico il quale se non fosse stato per le misere condizioni di vita non sarebbe mai emigrato a Palermo.

Tornato così a Stenopoli, andò a trovare il brigante Nicito Carnazzo che scorrazzava per le montagne dell'Aspromonte, forte di una banda di sette elementi.

" Don Nicito.." disse rivolgendosi al brigante che stava mangiando una zuppa di erbe e fagioli in una tazza di terracotta "… io mi chiamo Pico e debbo guardarmi dagli sbirri perché ho aiutato mio fratello a morire, come se il dolore per la sua scomparsa dovessero averlo loro e non la mia

famiglia. Potevano anche bastare le disgrazie subite per colpa di quelli, ai quali mio padre ha dovuto vendere la terra per quattro soldi per pagare medici e medicine che hanno giovato poco ai miei fratelli morti di vaiolo.
Prendetemi con voi insieme alla mia donna cosicché il mio coltello sarà ai vostri ordini".
"Ah! Figliolo, abbiamo bisogno di gente svelta. Resta pure con noi, ma non mi chiedere di accogliere anche la tua donna poiché, come sai, una gallina in mezzo a molti galli porterebbe soltanto scompiglio." Rispose Nicito.
" E' sola non ha parenti, è scappata dalla Sicilia, preferisce venire con me?".
"Non è possibile. Lasciala pure dalla tua vecchia madre. Si faranno benissimo compagnia".
" Ma lei preferisce venire con noi anziché stare con la vecchia".
" Cucciolo! Vedi che io parlo una sola volta. Ti ho detto che donne appresso non ne voglio e basta".
A malincuore Pico invitò Nerina ad aspettare presso la madre che lui sarebbe tornato presto, ricco e potente.
Dopo soltanto pochi mesi divenne il braccio destro di Nicita giacché dimostrò subito il suo acume e la sua abilità nel cavalcare e nel dar battaglia.
Il 13 giugno del 1784 la banda attaccò una masseria di proprietà di don Girolamo Attiliano, situata a due leghe da Melisacro. Al momento dell'assalto vi erano quattro garzoni che alla vista delle pistole dei briganti alzarono le mani in segno di resa.
Nicita ordinò di prendere tutto: formaggio, salami e capicolli dalle cantine e mentre aspettava sul suo cavallo nero si accorse dell'avvenenza della contadina moglie di uno dei garzoni. Sceso da cavallo la prese per un braccio e la trascinò nel fienile.

Il marito che si era mosso in sua difesa venne atterrato con un colpo del calcio di fucile e quindi legato.

I briganti, caricate le provviste, erano pronti per partire e aspettavano che Nicita uscisse, quando da dentro risuonò uno sparo. Pico di corsa scese da cavallo impugnando il fucile, mentre sulla porta del fienile comparve il brigante con la pistola in mano ed il volto insanguinato.

"Quella bagascia .." disse ". .mentre la tenevo sotto, ha trovato una staffa sotto la paglia e mi ha tirato un colpo sulla fronte. Mi ha fatto un gran male e quindi …le ho sparato un colpo proprio nel collo. Non volevo ammazzarla ma la zoccola, a momenti mi cavava un occhio".

Il marito ripresosi dal colpo, con la testa insanguinata disse rivolto a Nicita : "Ti conviene ammazzare anche me altrimenti prima o poi ti mangerò il cuore".

Il brigante fece un sorriso sprezzante e montando sul suo stallone nero di Conversano disse: "Vattene via, solo gli uomini hanno le qualità per ammazzare qualcuno e tu sei solo un servo!". Spronò l'animale e partì con tutto il suo seguito.

Nessuno poteva immaginare che quel servo, appena liberatosi e rimessosi dal colpo in testa, si sarebbe messo da solo all'inseguimento della banda. La seguì per tre anni, un mese e ventinove giorni, tenendosi a distanza di mezzo miglio, controllando gli spostamenti, i bivacchi e le diverse attività dei briganti.

Quel venerdì Santo di una Pasqua marzaiola e ventosa, Fèrulo Nitriforo di Melisacro, servo degli Attiliano di Stenopoli, si svegliò di buon'ora come se il vento gli sussurrasse : "Svegliati, l'anima di tua moglie Rossella grida ancora vendetta. Vai a castigare chi l'uccise".

I briganti avevano lasciato il bivacco e si dirigevano verso le Serre piegando sul versante di levante, dove il sole già alto, illuminava il costone sul quale cavalcavano con in testa Nicita.

Fèrulo li tallonava a distanza, seguendo un percorso più elevato affinché potesse godere in qualunque momento della visibilità dei movimenti del gruppo e della facoltà di tenerlo sotto il tiro delle sue pistole. A un tratto Nicita si fermò e fece cenno ai suoi compagni di continuare, scese da cavallo, raccolse un poco di felci e si appartò per andare di corpo.

Fèrulo lasciò il suo cavallo e in silenzio con passo felino arrivò di soppiatto davanti al brigante che stava cagando e gli si parò davanti. Nicita alzò gli occhi e capì ch'era arrivato alla fine del suo viaggio perché l'altro lo puntava con la pistola in una mano ed un coltello nell'altra.

"Lasciami cagare servo!". Disse Nicita nella speranza che intrattenendo il discorso qualcuno dei compagni tornasse indietro.

"Quante volte devo dirti che non volevo uccidere tua moglie ma soltanto fotterla come hanno fatto i tuoi padroni con tua madre, con le tue sorelle e con tutte le donne della tua famiglia da secoli".

"Tu non fotterai più nessuno". Rispose Fèrulo che gli sferrò una, due, tre, quattro pugnalate al cuore mentre il brigante con gli occhi increduli cadeva riverso sulla propria merda.

Pico non vedendo arrivare Nicita insospettito tornò indietro silenzioso e sparò alla testa di Ferulo che con gli occhi spalancati nel vuoto addentava il cuore insanguinato e fumante del brigante.

§§§

" Occhi di Buco" come fu chiamato e conosciuto in tutto il regno di Napoli, il brigante Pico di Stenopoli, divenne capo di una temuta banda di oltre venti uomini che incuteva terrore in tutta la provincia. Accanto a lui cavalcava sempre la sua donna di nome Nerina, incaricata di far rispettare la dura legge che il capo aveva dettato ai suoi compagni: " Svuotate i palazzi, prendete gli averi, ma lasciate la dignità alla vittima e se proprio non potete e meglio ammazzarla poiché altrimenti prima o poi ve la troverete alle spalle per vendicarsi".

Il capitano Marzanò ansioso di castigare chi aveva osato attentare agli averi della famiglia Attiliano con la quale aveva ormai quel rapporto di *affinità* per via del fatto che era l'amante di donna Melilla, si fece incaricare dell'operazione di rastrellamento in montagna per la cattura del brigante. Le autorità in effetti temevano che la crisi economica e lo stato di indigenza delle popolazioni, conseguente al terremoto, spingesse i lazzari a emulare il brigante creando disordini diffusi.

Il capitano inseguì per circa un anno la banda da sud a nord per tutto il massiccio aspromontano, ma Occhi di Buco continuava ad assaltare masserie e a saccheggiare le case dei galantuomini.

Una delazione comprata a un alto prezzo giovò la cattura del brigante il quale, una notte rigida di febbraio, si recò al mulino di Sant'Ilario per incontrare un informatore, lo seguivano Nerina e i suoi compagni.

Attaccati i cavalli alla staccionata lungo il fosso, si avvicinarono al mulino per bussare alla porta. Di fronte c'era un frantoio, al cui interno i militari erano pronti a scaricare i fucili sulla banda e sul suo capo riconosciuto dalla voce che disse: "Aprite sono Pico", a chi dall'interno l'interrogò.

Pico, Nerina e altri due caddero a terra mentre gli altri riuscirono a scappare.

Uno dei militari, uscito fuori, si avventò sulla donna che ancora respirava, la prese per i capelli e stringendole il collo tra le sue gambe, con il pugnale le recise la testa. Stava facendo lo stesso con Pico, a terra ferito, quando sopravvenne il capitano Marzanò che fermandolo con un colpo di sciabola gli mozzò due dita.

"Noi siamo militari" disse Marzanò "e dobbiamo far rispettare la legge, facciamo giustizia, non vendetta. Non vedi che il brigante è immobile e ferito in maniera grave?".

Colpito da quattro pallottole in punti non vitali, Pico si salvò e fu rinchiuso nel carcere di Sant'Ilario dove trascorse oltre due anni in attesa d'essere giustiziato. L'esecuzione capitale però venne più volte rinviata finché otto detenuti da lui capeggiati, riuscirono a evadere da un buco praticato nel muro dell'ampia cella dove erano rinchiusi.

Quindici giorni prima dell'evasione, ai detenuti, era arrivata la notizia che sul muro perimetrale della sezione destra, c'era un angolo costruito con mattoni d'argilla cruda, invece che di pietra o mattoni cotti, quindi molto sgretolabile.

Un amico cantante l'annunciò con il solito modo di cantar per strofe.

Seduto sul paracarro di granito di fronte al carcere intonò:

"Fiore di mirto fiore di bel fico
Se vuoi guardare guarda Occhi di Buco
Apri l'orecchio e senti sta novella
Se guardi bene dentro la tua cella
Ci trovi un mezzo per veder lo mare
Bisogna con la testa lavorare
Finché la mente può veder le stelle
Bussando al cuore vedi le più belle
Son giù più in basso verso lato retto
L'amico frammassone ce l'ha detto
Se vuoi sortire al bene degli amici
Bucaci il cuore per farci felici
Di creta e terra è fatta l'armatura
E con i baci tu la puoi disfare".

Pico e i suoi compagni, individuato l'angolo vulnerabile del muro, si misero all'opera e dopo soltanto due settimane il foro, nascosto da un letto, era pronto..

Ascesero la Timpa di Gesa, attraversarono la gola della *fiumara* Mbisa e presero uno stretto tratturo che correva lungo il burrone e portava agli altipiani.

Dopo sei mesi dalla fuga, in una casetta di campagna della provincia di Avellino trovarono i corpi senza vita, con la testa recisa, di due coniugi. Il marito era un militare dell'esercito borbonico che si era vantato d'aver fatto strage di briganti, nella mano destra mancante di due dita, stringeva un nugolo di tafani morti.

Pico e il capitano Marzanò si rincontrarono dopo dodici anni, uniti sotto il comando del cardinale Ruffo per combattere i giacobini ed i francesi comuni nemici.

Finita la guerra sanfedista, il brigante e i suoi amici, avevano continuato a girovagare da sud a nord per le vie di cresta delle montagne. All'imbrunire scendevano giù per i paesi razziando e derubando senza guardare in faccia realisti o giacobini. Importante era entrare nelle case dei possidenti e prendere quello che di buono c'era.

Nel corso degli anni avevano avuto numerosi scontri con l'esercito borbonico prima e con quello francese poi. Molti dei suoi erano stati uccisi o catturati e della numerosa banda di oltre cento persone rimasero soltanto in quattro.

§§§

I compagni di Pico fecero salire Euridanio a cavallo, gli legarono le braccia dietro la schiena e lo bendarono.

Il capo cavalcava davanti con il suo enorme stallone nero, seguivano Euridanio e i tre briganti. Camminarono per oltre sei ore con brevi soste. Erano diretti a sud, Euridanio lo capiva, benché bendato, dal fatto che quando uscivano dalla boscaglia allo scoperto, sentiva il sole venirgli in faccia.

Alla fine del viaggio gli tolsero la benda e si trovarono in un luogo molto emozionante. Un'enorme rupe sovrastava una bassa casetta accostata sotto la roccia, contigue a questa v'erano altre tre stanzette scavate nella pietra. Dal picco scendevano due contrafforti che come grandi braccia circondavano la casa che si apriva sullo spiazzo dell'aia. Dagli altipiani la brezza di ponente, portava giù aromi resinosi che si univano agli afrori del mirto, ginestra ed erica. Zefiro scendeva per le forre e muoveva le tamerici lungo il greto della *fiumara* e arrivava al mare con il suo carico di effluvi.

A fianco alla casetta un basso recinto riparato da una tettoia ricoperta di fascine di ginestra, serviva da ricovero per le pecore e per le capre.

Il pecoraio alzò la testa per guardare gli uomini a cavallo che arrivavano dagli altipiani, non fu di certo felice nel vederli anche se s'intuiva la sua conoscenza dei soggetti.

" Santaldo!" Chiamò Pico, rivolgendosi all'uomo. " Saremo tuoi ospiti per un periodo. Non credo che ciò ti dispiacerà?".

"Unz!" Fece il pecoraio alzando la testa come per negare.

"Dov'è tua moglie Colomba? Falla venire qua, che ci deve preparare qualcosa da mangiare".

Santaldo pur essendo anziano aveva sposato una donna giovane e piacente perché, come dicevano quelli del paese, aveva dovuto fare da coperchio per nascondere le colpe della donna e salvare l'onore di una famiglia.

Sembra che la ragazza, rimasta incinta a seguito di una relazione con un giovane muratore, sia stata data, dai fratelli, in sposa all'anziano pecoraio il quale accettò di buon grado che la giovane donna si occupasse di lui e della casetta nella roccia. Il bambino, invece, sin dalla nascita, fu affidato ai genitori del muratore che nel frattempo era scomparso e nessuno ebbe mai sue notizie.

Santaldo si comportò sempre da buon marito e perdonava le infedeltà di cui Colomba, di tanto in tanto, si rendeva responsabile poiché comunque era sempre molto discreta e riservata. L'uomo sapeva che le donne sono come le capre e sottovoce diceva a se stesso: "Quando vanno in calore, o piove o esce il sole, devono essere montate".

Euridanio fu sistemato in una delle camerette interne, legato con una catena a un piede, poteva fare i suoi bisogni proprio a ridosso di un'apertura di circa un palmo che comunicava con l'esterno. Uno scopino appoggiato al muro serviva per allontanare dal buco gli escrementi. Per consumare la colazione veniva prelevato da uno dei briganti che oltre a tenerlo dalla catena lo puntava con la pistola.

All'alba, dal buco-cloaca e da una finestrella munita d'inferriata che si trovava proprio sotto il tetto, penetrava il sole e il fumo del fuoco che Santaldo accendeva per fare il formaggio.

Euridanio portato fuori veniva legato al palo della tettoia e così seduto poteva assistere al lavoro del pecoraio il quale poneva sul fuoco la caldaia con il latte e faceva il segno della croce. Dopo alcuni minuti da un budello secco affumicato prendeva un pezzo di caglio di capretto, lo metteva nella caldaia e mescolava con il cucchiaio di legno. Tolta la caldaia dal fuoco andava a mungere altre pecore. Al ritorno impugnava lo spino, un bastone spinoso di pero selvatico e cominciava a mescolare con energia la cagliata recitando sottovoce una filastrocca. Prendendo la pasta dalla caldaia e sistemandola nella fascella di giunco, invocava il nome di un santo. Con San Filippo d'Argirò, Sant'Atenogene e San Giovanni Terestì, il formaggio veniva piccante, grasso e buono per la stagionatura, invocando la Madonna della Montagna e Madrefiumara, il formaggio veniva più dolce e leggero, buono da mangiare fresco.

Al siero residuo aggiungeva il latte crudo e rimetteva la caldaia sul fuoco, poi con un ramo verde di fico girava piano e dopo qualche minuto, in modo prodigioso, si addensava in superficie, la ricotta bianca come la neve e come la pelle di Colomba che nel frattempo preparava una grande scodella di terracotta con dentro pane biscottato.

Euridanio e i briganti, attendevano a queste operazioni in silenzio come se i rumori potessero disturbare quel rito magico e rovinare il sapore del prodotto.

Il pane scuro e la ciotola rosso-bruno, erano ingentiliti dal biancore delle grandi cucchiaiate di ricotta e siero fumanti, che venivano versate.

I commensali si avvicinavano e ciascuno con il cucchiaio attingeva alla scodella mentre Santaldo aggiungeva sempre più ricotta e sempre più siero, contento che gli ospiti non molto graditi, apprezzassero comunque il suo lavoro.

Colomba girava intorno al tavolo, facendo finta di mettere a posto questo o quello e sobbalzava, esaltata e accesa dagli effluvi provenienti da quegli uomini con barba nera o grigia. Con i suoi occhi nerissimi divorava il conte e i briganti a eccezione di Pico, verso il quale non nascondeva una certa antipatia contraccambiata.

Dopo il vespro, Colomba portava al prigioniero un pezzo di pane, formaggio, olive e acqua fresca e mentre posava il cibo sulla panchetta tempestava il conte di domande: "E' vero che da giovane volevate sposare una contadina? Un mio amico diceva che i miei antenati erano nobili, perciò ho la pelle così chiara che anche se rimango per molto tempo al sole non divento mai scura. Guardate, guardate le mie carni!" Disse alzandosi le vesti. " Vi sembrano cosce di contadina queste?".

Euridanio, confuso alzò gli occhi verso quelle gambe bianche come la ricotta di Santaldo, a tratti diafane al punto da far trasparire le vene azzurrognole che le attraversavano.

"Toccate signor conte, toccate per sentire la morbidezza. Queste non sono cosce villane".

"E' vero". Rispose Euridanio tenendosi però a distanza perché la cattività frenava i suoi impulsi.

I compagni di Pico morivano dalla voglia di incocciarla sola in qualche angolo della casa o del bosco per possederla. Dei due fratelli detti Gemello Grande e Gemello Piccolo, Colomba, preferiva quest'ultimo dal fisico raffinato ma dai modi bruschi che contrastavano con l'aspetto.

Gemello Grande grasso e barbuto, che solo a guardarlo poteva incutere timore, aveva invece dei modi garbati di trattare soprattutto con le donne. L'altro brigante era soprannominato Lupo di Notte, perché dormiva poco e per diverse ore della notte passeggiava nei boschi come se fosse alla perenne ricerca di qualcosa o di qualcuno. Di lui si diceva che fosse un licantropo, altri invece sostenevano che fosse affetto dall'insanabile malattia dell'insonnia contratta da bambino quando suo padre e un suo fratellino furono trascinati dalla furia della *fiumara* e perirono nelle acque limacciose. Mentre i suoi affogavano, lui fu tratto in salvo da un'anziana donna, dai capelli bianchi, che tutti indicarono come Madrefiumara.

Da allora Lupo di Notte, cammina al buio nei valloni e nelle forre, incontra la sua salvatrice dal volto di vecchia e dal corpo giovane, bianco e diafano come quello di Colomba.

Tutti avevano capito che Colomba aveva un debole per Gemello Piccolo, ma anche per il conte intorno al quale girava cercando di sedurlo.

Un giorno, mentre gli porgeva il pane con il formaggio, si avvicinò abbastanza tentando di strofinare la zona pelvica all'omero del conte che stava seduto davanti a lei. Euridanio, pur sollecitato dall'odore di femmina e dalle movenze feline, non si mosse e in quel mentre entrò Gemello Piccolo il quale

capì l'intenzione della donna e cominciò a prenderla a schiaffi e calci.
" Puttana non ti basta d'essere sbattuta due volte al giorno, cosa ci tieni là dentro? Un cane corso incatenato che morde e mangia i cazzi? Forse per farti passare i bollori devo strofinarti con un mazzo d'ortiche?".
"Cosa vuoi tu…brutto villano? Sei forse mio marito o mio fratello? Lasciami in pace".
"Quando il debole vuole piangere con il forte si vuole mettere". Disse arrabbiato il brigante che afferrò la donna, la trascinò sotto la tettoia e la legò al palo, poi con un cencio raccolse alcuni rami di ortiche e cominciò a batterla sulle chiappe e tra le gambe mentre le urla attirarono l'attenzione del pecoraio il quale fermò la mano del brigante e disse:
" Ti prego lasciala, le fai male, non è una cattiva ragazza è soltanto un poco fuori di testa perché si crede nobile".
"Questa puttana di tua moglie era andata dal conte per farsi sbattere lo sai? Non sei geloso tu che sei suo marito? Che razza di uomo sei?".
" Sono uomo quanto te, così come lei è donna e ognuno ha la sua natura. Ti prego lasciala stare".
"Alzati!" Disse il brigante " Vai a lavarti e non ti avvicinare più al conte. Da mangiare glielo porto io o Lupo di Notte, capito?".
La ragazza piena di pustole rosa e tonde prodotte dall'ortica, con gli occhi pieni di lacrime scappò via verso la *fiumara*. Santaldo le andò dietro, la fece sedere su di un sasso e andò a raccogliere delle foglie di sambuco, le pestò e poi si mise a strofinare il corpo arrossato di Colomba che singhiozzava.
Così intento a quell'operazione recitava una cantilena-preghiera:

" ***Esce ortica ed entra sambuco***

per amore della Madonna
per amore di Gesù
il bruciore non c'è più".

"Vedrai che tra poco ti passerà. Io so bene come sono queste cose perché mio padre da bambino mi castigava così quando non facevo il mio dovere".

§§§

Pico e Gemello Grande mancavano da quattro giorni, Colomba era scesa in paese dalla madre per curarsi e Lupo di Notte stava porgendo pane e formaggio al conte quando questi girandosi di scatto lo colpì, in viso, con le mani unite in unico pugno. Il brigante cadde per terra ma afferrò la pistola che portava alla cintola e sparò contro il conte, il quale schivò il colpo e nello stesso tempo gli assestò una botta in testa con la panchetta di legno. Con frenesia cercò la chiave della catena in tasca al brigante svenuto, ma lo sparo aveva attirato l'attenzione di Gemello Piccolo che accorse, pistola in pugno, per accertare quello ch'era successo. Arrivato sull'uscio vide il conte che frugava nelle tasche del compagno a terra e preso dall'ira disse: "Conte di merda adesso te la farò pagare". Così dicendo mirò con la pistola alle gambe del conte ma, proprio mentre stava per fare fuoco, Santaldo da dietro lo centrò con l'accetta sul collo e mentre cadeva, lo colpì di nuovo e ancora per più volte finché lo lasciò esangue, poi si stava per riprendere Lupo di Notte ma Santaldo come una furia gli balzò addosso e con l'accetta lo fece a pezzi.

La sera, dopo che Santaldo si era calmato e aveva sepolto i corpi dei due briganti, disse al conte: " Andate via, scappate, aspetterò io Pico ed il suo amico".

"No…." disse Euridanio ".. non voglio scappare mi troverebbe, è meglio aspettare e farla finita: o lui o io. Ma dimmi Santaldo tu che sei così buono non pensavo che saresti riuscito ad ammazzare qualcuno?".

"Io sono stato sempre amante della pace, l'ho cercata per tutta la vita anche rinunciando alla mia libertà, ma l'odio della gente sembra infettarmi e mi tira dentro contro la mia volontà. Io sono stato arrestato e condannato a morte, condanna mutata in carcere a vita e poi diminuita a vent'anni. In due giorni avevo commesso cinque omicidi.

Vedete da giovani, insieme agli altri pastori della vallata Fiumara Nera, avevamo stretto un patto per ribellarci al balzello di un galantuomo. I pascoli della valle erano da sempre terreni universali quindi, in demanio all'Università alla quale versavamo una modesta tassa annuale di due forme di formaggio per ogni tomolo di pascolo.

Un bel giorno però, arrivano le guardie e ci comunicano che dal primo ottobre prossimo, avremmo dovuto pagare il canone di fitto al nuovo proprietario un certo don Francesco Odelsace al quale il feudatario, marchese Ubaldo Correali, aveva venduto le terre.

Fra pastori ci unimmo in un vincolo di sangue e di parola, mettemmo insieme quello che avevamo, ci rivolgemmo alla legge la quale però, diede ragione al galantuomo che in giudizio presentò uno strumento notarile falso, per dimostrare la sua proprietà ma la corte lo ritenne valido.

Insieme agli amici decidemmo di fargliela pagare cara, sia al galantuomo sia al marchese feudatario che con lo strumento notarile aveva venduto ciò di cui non era proprietario. Ci riunivamo ogni sabato e decidevamo il proposito per la settimana successiva. Qualche volta tagliavamo un aranceto, altre davamo fuoco a un campo di grano o una vigna.

Il galantuomo e il marchese, erano disperati e decisero di scoprire gli autori offrendo soldi a chi forniva notizie utili per il loro arresto.

Una sera si decise un'azione per il mercoledì successivo e l'incarico di eseguire la decisione fu affidato a due compagni i quali nottetempo, si recarono nel fondo di proprietà di don Francesco Odelsace, per aprire le grandi vasche dell'acqua dove si lasciavano i lupini a macerare. L'acqua avrebbe raggiunto la stalla più in basso e affogato centinaia di capi di bestiame. Ciò sarebbe servito anche a procurare carne a buon mercato per la popolazione, per la vendita a poco prezzo che ne sarebbe conseguita.

Almeno venti guardie aspettavano però i miei compagni che furono arrestati e giustiziati.

Da quel giorno tutti volevamo sapere chi di noi aveva tradito e quando si scoprì l'autore dell'*infamità* si decise di ucciderlo. Della sentenza venne incaricato il mio amico fraterno Olivio Nartone che si disse felice di ammazzare quel bastardo di Ninco Macuso, pecora *boccuta*.

Passarono sei mesi e Nartone non eseguì la sentenza, fu chiamato e sollecitato e assicurò che l'avrebbe eseguita nei prossimi trenta giorni. Trascorsero invece tre mesi e intanto il Nartone aveva preso a disertare le riunioni per cui si decise di ammazzare anche lui, che così facendo si rendeva complice dell'*infamità*.

Quindi fui incaricato di eseguire la sentenza, io pregai e scongiurai i compagni di lasciarmi indenne da quell'incarico perché Nartone era stato mio amico d'infanzia ed eravamo cresciuti insieme. Dissi pure di rendermi disponibile ad ammazzare Macuso ma non Nartone. Il capo della nostra alleanza mi rispose che se non avessi ammazzato Nartone entro i prossimi tre mesi qualcuno avrebbe ammazzato me.

Trascorsero novanta giorni d'inferno non riuscivo né a dormire né a mangiare finché decisi di farla finita con tutti. Mi armai di due pistole, coltello e fucile e andai a casa dell'infame Macuso che non c'era. La moglie quando mi vide armato di tutto punto capì a cosa era dovuta la mia visita e cominciò a strillare come una pazza e le sparai in bocca. Nel frattempo arrivava Macuso con il vecchio padre e li freddai entrambi, poi mi recai a casa del capo alleanza e lo trovai nell'aia intento a badare alle pecore, guardandomi intuì le mie intenzioni e fuggì. Lo rincorsi e lo raggiunsi trafelato sulla salita, lo accoltellai più d'una volta.

La mattina seguente ero appostato davanti alla casa di Nartone appena uscì lo colpii con una fucilata, poi mi avvicinai lo presi tra le braccia e piansi finché non giunsero le guardie ad arrestarmi.

Quando fui messo in libertà venni quassù a vivere solo con le pecore e le capre finché all'età di sessant'anni qualcuno mi convinse a prendere moglie, non potevo avere dei figli, ma pensai che la sola presenza di una femmina giovane avrebbe scaldato il cuore e così è veramente. Non mi è mai importato che lei mi tradisse, è giovane ed è giusto che lo faccia e io le sono in ogni modo affezionato, ritenendo nel contempo d'esserne ricambiato.

I briganti vengono qua da tanti anni, questo è un luogo sicuro a volte soggiornano per mesi interi. Quando erano in molti, cinquanta o sessanta persone si accampavano nei dintorni e nelle grotte vicine. Non mi sono mai ribellato perché non avevo la forza di contrastare tanti uomini armati.

Questa è la mia storia signor conte ma ora pensiamo al modo migliore per affrontare i due briganti che prima o poi torneranno".

Il vecchio era tornato sereno sembrava una persona diversa da quella vista all'opera con l'accetta in pugno.

"Anche io.." pensava Euridanio, " non avrei mai creduto d'essere capace di uccidere un altro essere, ma forse in ognuno di noi, è sempre presente il bene ed il male e prevale l'uno o l'altro, secondo delle situazioni in cui la vita c'incastra".

"Signor conte", disse il pastore " voi vi nasconderete dietro la porta con il fucile io farò finta di attendere alle pecore e nasconderò la pistola dietro lo scifo di legno. Sparerò io a quel bastardo di Pico che ho sopportato per diversi anni. Voi invece mirerete a Gemello Grande".

Passarono ancora tre giorni e i briganti non si fecero vedere. Santaldo ed Euridanio appostati l'uno nell'aia e l'altro dietro la porta, avevano perso le speranze e la forza, quando il terzo giorno all'imbrunire, i due cavalieri si avvicinavano tranquilli alla masseria.

Santaldo tossicchiò per richiamare l'attenzione del conte e si preparò. Quando i briganti furono alla distanza di quindici passi circa, Santaldo tirò fuori la pistola e mirò, ma Pico si accorse d'essere sotto tiro e allora impennò lo stallone di Conversano che fu colpito al collo e stramazzò. Coperto dal cavallo Pico, con la sua pistola fece fuoco e colpì Santaldo al petto mentre Gemello Grande cadeva colpito dalla fucilata di Euridanio che gettò subito il fucile e andò all'assalto con la sciabola. Pico riparato dal cavallo ferito, stava ricaricando la pistola quando fu raggiunto da Euridanio che lo colpì con la sciabola di taglio proprio alla gola sicché mentre la testa cominciò a penzolargli da un lato, un getto di sangue zampillò dalla gola e il corpo del brigante si accasciò senza vita.

Euridanio finita la battaglia sparò in testa allo stallone che ancora era vivo e poi corse da Santaldo che respirava. Lo prese in braccio e lo portò dentro casa, tamponò la ferita, lo coprì con una coperta, saltò a cavallo e scese giù in paese in cerca di un cerusico.

Non vi erano medici, speziali e similari in quel paese e gli fu detto che il più vicino, si trovava in un altro paese distante almeno dodici miglia. Gli venne però indicata una vecchia che curava con erbe, aiutava le donne a partorire e praticava anche la chirurgia.

Euridanio andò a bussare a una piccola porta di una casetta fatta di mattoni crudi. La porta si aprì e apparve una vecchia minuta dal volto lisciato, quasi bello per essere una donna

anziana, che l'accolse con un sorriso. " Una parente di Rosa Tracieloeterra?" Si domandò Euridanio.
" Cosa cercate signore ?" Chiese la donna.
"Un mio amico è stato ferito da un colpo di pistola vi prego venite a vederlo ha bisogno del vostro aiuto".
"Devo preparare qualcosa prima di venire, datemene il tempo".
"Fate pure .." rispose Euridanio   ".. ma ricordate che un uomo sta morendo."
Dopo qualche minuto la donna uscì con un canestro fatto di lamelle di castagno intrecciate, che portò in equilibrio sulla testa.
Prima di lasciare il paese Euridanio domandò della casa materna di Colomba la quale, alla vista del conte chiese: "Cos'è successo? Come mai siete qua, signor conte?".
"Tuo marito ha bisogno di te figliola, appena puoi raggiungici alla masseria."
L'anziana guaritrice, non volle salire sul cavallo perché disse che avrebbe dato di stomaco, perciò si avviò a piedi. Anche Euridanio per lunghi tratti camminava comunque a piedi perché il pendio era troppo ripido e a volte il tratturo che s'inerpicava era stretto tra la parete della roccia da un lato e lo strapiombo dall'altro.
Marciarono per cinque ore, quando arrivarono alla masseria, Santaldo era febbricitante. La vecchia gli scoprì il petto e si assicurò che il proiettile non aveva colpito organi vitali essendo quasi vicino alla spalla destra. Preparò un infuso, concentrato di papavero e a cucchiaiate lo fece ingurgitare al ferito, poi dal canestro tirò fuori dei limoni e una bottiglia contenente un liquido scuro. Dopo aver recitato in silenzio giaculatorie nelle quali invocava la Madonna della Montagna, Sant'Elia Speleota, San Giovanni Terestì ma anche i signori dell'aria e della terra, dei fiumi e dei boschi nonché il signore della vita che scaccia la morte, con la pinza cominciò a scavare nella

ferita alla ricerca della pallottola. Santaldo in deliquio si lamentava e chiedeva aiuto alla Madonna delle Acque.

Tirato fuori il proiettile, la vecchia versò il succo di due limoni sulla ferita e il pastore emise strilli lancinanti che risuonarono per tutta la valle. Appena calmato prese la bottiglia con il liquido scuro composto da vino, nel quale erano state lasciate a macerare delle foglie di erba raperina, diede quattro cucchiai al ferito e poi disse: " Domani cambieremo la fasciatura, ma ora non ci resta che pregare. Io sono stanca vado a dormire". Andò a coricarsi nella stanza dove Euridanio era stato prigioniero mentre lui restò di guardia al ferito.

Il giorno spuntò luminoso ed era carico di promesse. Euridanio uscì a guardare il sole che saliva, dal mare d'Omero, su per i costoni e le pareti rocciose. Insieme alla luce del sole saliva Colomba con i lunghi capelli neri e le guance rosee che risaltavano, sulla pelle bianco-ricotta come diceva Santaldo.

Avanzava piano nel suo vestito bruno ormai consunto.

Un'angustia le si leggeva in fronte.

Alzando gli occhi vide Euridanio che la guardava e domandò: "Dov'è Santaldo? Come sta? ".

" Non preoccuparti sta dormendo vedrai che se la caverà, la vecchia è veramente brava". Così dicendo Euridanio spinto da un irrefrenabile impulso si alzo e la baciò sulla fronte. "Vai .." disse ".. vai a vederlo".

Colomba restò perplessa perché quel bacio in fronte, da parte del conte le dava una gioia superiore a qualunque orgasmo, anzi ripensandoci in seguito, era sicura che nessuna persona al mondo le aveva mai indirizzato un atto così amorevole. Anche il vecchio Santaldo era affezionato ma non riusciva a dimostrarlo né con parole né con atti.

Tutti gli uomini che aveva conosciuto volevano solo una cosa, a cominciare da suo fratello più grande, il quale quando era ragazza ogni sera le metteva in mano il suo animale per farselo sbattere e dopo un poco, la cacciava via come fosse un'appestata.

Trascorsero diverse settimane, Colomba si occupava del convalescente che migliorava ogni giorno ed Euridanio del gregge, che conduceva negli altipiani dove i pascoli erano abbondanti e ritornava all'imbrunire, impaziente di baciare quelle guance rosse di Colomba.

Non riusciva a capire il sentimento che provava per quella donna verso la quale cominciò a nutrire un'indefinibile tenerezza non dissimile dall'affetto che sentiva nei confronti dello stesso vecchio Santaldo. Anche lei era cambiata, non era più la capra in calore ma piuttosto una faina gioiosa con le sue movenze d'animale felice.

Quei sentimenti e rapporti anche affettuosi con Colomba e suo marito non gli infondevano serenità anzi, gli procuravano ansia che si trasformò in angoscia.

Per riacquistare l'equilibrio doveva tornare lassù alla sua solitudine.

Era un giorno ventoso quando Euridanio preparò le sue cose per andarsene, baciò per l'ultima volta Colomba, dagli occhi rossi e pieni di lacrime, e strinse la mano a Santaldo, il quale gli fece capire che poteva restare per sempre o tornare in ogni momento perché quella era casa sua.

S'inerpicò per il contrafforte meridionale con il cavallo tenuto per la briglia finché scomparve tra i lecci.

§§§

Ogni contatto o rapporto con altri uomini sospingeva Euridanio ad allontanarsene e a fuggirli di più poiché per indagare e conoscere il mondo avrebbe dovuto osservarlo da lontano, dall'alto delle rupi, sospeso sui valloni.

L'uomo vive in una trappola dalle robuste pareti contro le quali cozza ogni qualvolta tenta di evadere.

E gli altri? Chi sono gli altri?

Gli altri sono compagni di cella con i quali si sperimenta il potere, l'amore e l'odio, l'amicizia e l'indifferenza, la guerra e la pace.

Tutte cose che in qualche modo tengono legato l'uomo all'uomo perché per amare, per uccidere o per far la pace si ha bisogno di altri esseri umani, ma lui aveva rinunciato alla presenza e ai rapporti con gli altri, desiderava soltanto osservare la natura, immergersi e identificarsi in essa.

Aveva conosciuto gli uomini perciò ora preferiva camminare solo per il massiccio montuoso per conoscere e allo stesso tempo, per diventare roccia, vegetale, animale, terra, aria, acqua, fuoco.

Voleva essere sole e luna, volpe e quercia, caldo e freddo.

Quando era sole si alzava pigro e andava a sud indorando le foglie tremule degli olmi impettiti, svegliava i ramarri che sobbalzavano tra le erbe e i falchi che aprivano le ali e prendevano il volo.

Quando era luna attraversava i prati silenziosi degli altipiani e poi si rotolava giù per gli improvvisi dirupi che calavano dritti fino alle taglienti scogliere contro le quali spumeggiavano le onde del mare.

Era volpe libera nei boschi ed era terra soffice di foglie umide cosparse di muffe.

Era tutto ciò, ma per allargare veramente la sua coscienza d'uomo nel mondo, aveva già deciso di programmare dieci anni della sua vita con studi e attività speculative.

Quattro anni a meditare sulla natura e sui sentimenti dell'uomo, tre alla filosofia, due alla musica e alla scultura e uno alla poesia per acquistare leggerezza nel *tetraktys* ossia nel triangolo perfetto.

Anni	1+1+1+1	= 4 natura e sentimenti dell'uomo
Anni	1+1+1	= 3 filosofia
Anni	1+1	= 2 musica e scultura
Anni	1	= 1 poesia

Il suo scopo era di ridurre il molteplice all'unità, togliere al dieci lo zero e divenire l'UNO, immune dalla degradazione insita nella diversità.

Faceva a meno della presenza degli uomini sin dal giorno in cui aveva lasciato il palazzo. La loro assenza lo aiutava a comprenderne meglio i sentimenti e la natura.

Un secolo e mezzo dopo, uno speleologo che esplorava una grotta dell'Aspromonte, trovò delle pagine vergate con una grafia rotonda come di chi medita e scrive senza fretta soppesando ogni parola.

Quelle pagine furono attribuite a Euridanio Arese di Villalta, il conte dagli occhi tristi, come qualcuno lo chiamava, che all'inizio del diciannovesimo secolo lasciò ogni avere e andò a vivere da solo tra i boschi della montagna.

In questo dialogo con se stesso, il conte parla del potere, dell'amore e dell'amicizia che sono le cose che tengono legati gli uomini tra loro.

DIALOGO CON SE STESSO

Cosa pensi che sia il potere ?
A mio avviso il potere è la facoltà di un uomo d'imporre la propria volontà agli altri.
Tale imposizione però, può avvenire soltanto se possono essere prescritte delle pene per chi non si uniformi ai comandi.
Quest'uomo, che detiene il potere, deve quindi avere la necessaria autorità per decretare comportamenti e allo stesso tempo sanzioni, per il caso in cui qualcuno non rispetti le prescrizioni.
Ma la sanzione non è l'unico modo per uniformare la volontà del popolo ai comandi giacché si potrebbe stabilire al posto della pena il premio.
Come si fa con i bimbi?
Certo, o si dà uno scapaccione o un pasticcio al miele.
Deduzione: il potere si esercita o comminando pene oppure elargendo premi.
Ma può esservi un'altra guisa d'esercizio della potenza, che non sia la pena od il premio?
Forse c'è un altro modo per esercitare il potere, i cui effetti sono apprezzabili soltanto dopo molto tempo ma non per questo meno efficaci delle sanzioni e delle ricompense.
Quest'altra guisa d'esercizio della potenza, credo sia l'educazione o la persuasione, lenta e penetrante nella mente della gente fino a indurla a eseguire la volontà di quell'uomo, senza palese coercizione, talché alla fine crederà d'aver deciso il suo comportamento liberamente senza alcun condizionamento esterno.

Deduzione: il potere si esercita con castighi, gratificazioni o con subdola convinzione.
Ma, da dove si origina la potenza?
Cerchiamo di capire da dove si origina la potenza giacché non tutti gli uomini ne dispongono in ugual misura.
Hanno la stessa potenza l'allocco e il sagace?
L'incolto e il sapiente?
Il pusillanime e l'intrepido?
Certo che no!
Il furbo saprà mostrare bianco ciò ch'è nero, il sapiente doserà bene le sue azioni perché conoscitore dell'animo altrui e l'intrepido avrà il coraggio di lottare perché agogna guidare gli eventi senza divenirne vittima.
Deduzione oltre ogni dubbio: ciascuna virtù è fonte di potere come ciascun piccolo rivolo che scende dai valloni alla fine rende grande e consistente un fiume.
Ma come il fiume anche il potere non ha una sola scaturigine.
Oltre le virtù credo bisogna aggiungere l'opulenza.
Essa dà la disponibilità dei beni che saranno oggetto dei premi e la facoltà di comminare sanzioni sia in forma esplicita sia implicita ovverosia l'opulenza fornisce i mezzi per esercitare persuasione.
Spesso però nemmeno questi elementi bastano per attivare il potere poiché se l'uomo ricco vive chiuso entro la sua ricchezza schivando la spesa per accaparrarsi amicizie e fedeltà di molte altre persone, poca potenza potrà ottenere.
La ricchezza quindi è fonte di potenza ma se accompagnata dalla volontà di spenderne una parte per

conservare e praticare il potere il quale a sua volta è anche fonte di opulenza.
Altra concausa di potenza è la possibilità di determinare in modo diretto o tramite propri delegati, il sistema delle leggi. Anzi sosterrei che se la volontà di un uomo può essere tradotta in legge allora quell'uomo detiene il potere.
Ma il voler imporre la propria volontà agli altri, porta senza meno a scontri, rivoluzioni e guerre.
Nessuno però, può dirsi potente al punto d'essere causa e principio d'ogni sua azione.
Infine credo che il vero potere coincida con la libertà di determinare a ogni istante il proprio comportamento senza condizionamenti esterni.
Di sicuro è impossibile ottenerlo sulla natura poiché anche l'uomo più ricco del mondo è bagnato dalla pioggia, è corrotto dal tempo e non sfugge alla morte.
Deduzione: il potere vero è dunque, uguale alla libertà. Libertà da qualunque condizionamento da parte di altri uomini e che si ottiene soltanto vivendo o sopravvivendo da soli accettando e conformandosi alle eterne e arcane leggi della natura.
Ma chi ha potere, ama! Diceva l'antico saggio.
Certamente, perché l'amore è l'esercizio della facoltà di scegliere la persona amata per le sue fattezze e per il riconoscimento in lei di un determinato valore.
Tutti gli uomini sono liberi d'amare di là da qualunque imposizione o comando, contro ogni avversa disposizione e nessuno, nemmeno l'uomo più potente della terra, potrà mai vietare a un suo simile questo sentimento.

Chiunque ama costringe sempre chi è amato a ricambiare o in ogni modo a suscitare benevoli sentimenti, magari di pietà o di compassione e giammai l'amore ispira l'odio in chi è amato.
Pertanto mentre amare è esercizio puro di libertà, allo stesso tempo è limitazione di quella altrui e quindi esercizio di potere.
Quanto hai detto costituisce effetto dell'amore ma forse ancora non hai chiarito che cos'è l'amore.
Credo che l'amore sia attrazione esercitata dalla bellezza e aspirazione dell'amante ad assomigliare o addirittura a incarnarsi in essa.
Diverse sono le forme dell'amore, quante sono quelle della bellezza la quale pur essendo diversamente apprezzata dagli uomini, è eterna e immutabile e si identifica con l'intelligenza congenita nell'essere.
Nel rapporto amoroso tra due persone c'è sempre una che, in un dato momento, ama più dell'altra. Non v'è mai esatta corrispondenza di sensi poiché se una attacca, l'altra resta sulla difensiva, con un continuo scambio dei ruoli tra attaccante e difensore. Quella delle due che non si difende e si lascia stringere troppo, resterà soffocata dall'abbraccio mortale dell'altra.
L'amore cessa quando l'uno è completamente fagocitato dall'altro oppure, qualora i soggetti dovessero al medesimo tempo amarsi con pari intensità, poiché l'uguaglianza di forza crea la stasi.
Ma l'amore non è la ricerca della metà mancante che, unendosi alla propria, dà vita ad un essere nuovo e finalmente completo?
Credo che ciascun individuo abbia in sé il caldo e il freddo, il dolce e l'amaro e invano cerca in altri il suo

complemento mentre deve trovare in sé la sua totalità e la sua completezza. L'uomo è solo di fronte alla natura come un bimbo nel deserto.

Abbiamo visto che chi ama " può", ma chi ama sa. Dice anche il saggio?

Di certo chi è molto attratto dalla bellezza ed ama con gran forza, guarda al mondo con curiosità e rapporta sempre ogni esperienza alla persona amata sicché questa diventa la misura di tutte le cose.

Chi ama fonda una stabile relazione tra persona amata e il mondo esterno che é percepito, immaginato, memorizzato, esaminato e rapportato ad essa.

Forse non sempre l'amore nasce dall'attrazione della bellezza. Ci deve essere un'altra origine perché altrimenti come spiegare l'amore per i propri genitori, per i propri parenti o amici?

Sicuro, l'amore per gli amici o per i parenti non nasce dall'attrazione della bellezza bensì dall'egoismo.

Dall'egoismo?

L'infante ama i genitori perché da loro riceve protezione, cibo e vestiti quindi è affezionato a chi gli dà da vivere. L'adulto, prova gratitudine per chi l'ha messo al mondo oppure soltanto pietà per i vecchi che molto tempo addietro si occuparono di lui.

Nei figli, l'individuo, vede se stesso, la continuazione della sua esistenza quindi non ama un altro essere, bensì la sua stessa persona riflessa nel figlio.

Anche per l'amicizia non si può parlare d'amore essendo un semplice legame d'atteggiamenti concordanti. Si è amici perché si conviene nel sentire e nella condotta, oppure perché le azioni di ognuno concorrono a soddisfare i bisogni di tutti creando utilità per i membri della comunità. Anche nell'amicizia profonda, noi vediamo negli altri noi stessi e amiamo l'utilità che ricaviamo dallo stare insieme o dal collaborare.

L'esercizio del potere provoca dolore in chi lo subisce, praticare l'amore e l'amicizia crea dolore in chi ne riceve in misura inferiore a quanto ne dà.

Deduzione: Il potere puro è dunque quello verso se stessi, l'amore e l'amicizia sono sentimenti da rivolgere all'interno della propria anima e verso la natura che si manifesta con la vita e la morte.

Sfuggire gli altri è sfuggire al dolore, tagliare i legami e lasciare ogni peso, rendersi leggero per prepararsi alla morte conclusione necessaria e parte integrante della vita.

§§§

Quattro anni passarono in fretta. Conosceva ormai ogni animale, vegetale o roccia di tutto il massiccio aspromontano.

Sapeva coltivare il grano, le patate e i fagioli.

Sapeva cacciare e conciare le pelli.

Osservando gli astri aveva imparato a riconoscere le stelle più importanti e osservando la natura sapeva essere pietra, albero e vento.

Ogni giorno poteva essere una cosa diversa e conoscere un nuovo mondo: uno per ogni punto di vista.

Nei successivi tre anni abbandonò del tutto la caccia e l'agricoltura.

Buttò via gli attrezzi, le armi e le polveri nel ruscello e cominciò a vivere solo di vegetali: castagne, faggina, ghiande, fragole, more, corbezzoli, funghi.

Quando aveva proprio molta fame, impastava una grossolana farina di castagne e ghiande e faceva un pane nel forno di terracotta che aveva costruito nei primi tempi di permanenza in montagna.

In quegli anni di meditazione filosofica giunse alla conclusione che è saggio colui che sa dominare la facoltà di stima.

Nel caso in cui non si abbia un adeguato criterio di decisione, è più importante saper sospendere il giudizio che affrettarne uno.

La saggezza è pertanto la capacità di dominare la propria valutazione e accordarla a elementi concreti ricercati con l'aiuto della ragione.

Isolandosi dagli altri, era riuscito a capire quanto l'uomo fosse prigioniero delle proprie opinioni fino al punto tale, di non darsi pena nemmeno di ascoltare quelle degli altri.

Nella solitudine aveva imparato a guardare dal punto di vista degli altri, ma davanti al mistero della natura, della vita e della morte l'uomo ha soltanto il silenzio.

Con l'inizio del biennio dedicato alla musica e alla scultura, abbandonò il casolare, dormiva ovunque capitasse, nelle grotte, sotto gli alberi, negli anfratti del terreno, dovunque il buio lo sorprendesse con il flauto in mano.

La musica sapeva far rivivere il passato e fargli immaginare il futuro.

Imitava il suono della natura lieta e di quella violenta, dei ruscelli, del vento tra i rami e degli astri lucenti delle rigide notti dopo le nevicate.

Melodie gradevoli uscivano dallo strumento e salivano su per i rami dei faggi, scendevano nelle gole e nelle forre e le note gravi o acute si rincorrevano in serie ora veloci ora lente, gioiose o con languida tristezza.

L'ultimo anno buttò il flauto e ogni altro attrezzo o strumento in suo possesso.

Rimase solo con l'unico vestito di lana grezza, il cappello di pelle di volpe e gli stivali di cuoio.

Lasciò ogni cosa e si mise in marcia per raggiungere la cima di Montalto che mostrava verso il mezzogiorno una parete di roccia calcarea.

Con gli occhi tristi ammirò la parete e vide i personaggi del bassorilievo, da qualche tempo pensato.

Si addormentò con l'impazienza che arrivasse il giorno. Tornò sui suoi passi e cercò il martello e lo scalpello dove li aveva buttati e si mise all'opera.

Lavorò per mesi a togliere la pietra superflua ed a partorire la vita sulla roccia morta.

Si alzava all'alba e al primo fragore dello scalpello sulla pietra, gli uccelli svolazzavano, muovevano all'improvviso l'aria e si posavano più in là, intenti però a spiare. Anche le volpi, i tassi e i lupi guardavano increduli verso la fonte di tale strepito.

Il martello picchiava e schegge e polvere impastavano di bianco i capelli già grigi, la peluria delle braccia, le ciglia e le sopracciglia, persino le labbra incipriate si spaccavano. Il sudore imperlava la fronte e colava dai bicipiti ancora vigorosi nonostante l'età. Il corpo e la mente erano presi dal furore dell'arte non provava né fame, né sete soltanto al calare del sole, posava gli attrezzi per soddisfare i bisogni.

Dalle sue mani scaturiva un'impensabile forza plastica che plasmava sulla dura roccia un sole nascente, un putto sorridente, seguito da Milone in corsa verso il futuro. Accanto all'atleta, Castalia in tunica con il corpo rivolto a ponente e lo sguardo all'indietro verso il giovane. Sull'altro lato un sole calante su acque agitate completava la scena, mentre intorno famiglie d'erbe e d'animali, frappe e volute la chiudevano a cornice.

L'alfa e l'omega, la terra, l'acqua, il fuoco, l'aria, la vita, l'amore e la morte, il mistero dell'essere.

Gli elementi, le cose singole come l'unità o il numero UNO sono portatori di mistero, privi di causa o di fine.

Modellando i pettorali di Milone, le anche della giovane, i falchi, i pesci e i rami fronzuti, creando quelle cose come se fosse il Dio della Genesi acquisiva più intensa coscienza del mondo.

Era ottobre e i boschi di latifoglie si tingevano di rosso bruno, dove terminava la pineta e affiorava la roccia si fermò e allargò un anfratto tra le pietre del declivio per ricavare un rifugio nel quale ammassò una gran quantità di castagne, ghiande e faggina. Lì contemplava la cima pietrosa che lo sovrastava e lo attirava, ma Euridanio dagli occhi tristi, era ancora impacciato da antiche aspirazioni.

Le privazioni avrebbero raschiato l'anima, tolto le incrostazioni, ripulito il cuore, per essere pronti a vivere il mistero, abbandonare le spine e divenire fiore

Quando il tepore primaverile sciolse la neve che ricopriva la roccia, il conte lasciò il bosco e salì sulla cima del monte per affacciarsi sull'universo.

Dal mare di Omero salivano voci che suggerivano liriche eterne e afferravano brandelli di sentimenti, gioie e paure degli uomini, fierezza e umiltà di piante ed animali.

Il suo canto greve riduceva il molteplice all'unità ed il suo corpo ormai liberato da quotidiane necessità, si elevava, trascendeva e fluttuava sulle spume marine e tra le nubi veloci che si rincorrevano, non più ansiose di ciò che sarebbe accaduto.

Appendice

GLOSSARIO

a, al = *o*
accarezzare = *lesire*
acqua = *bianca*
albero = *bracciato*
alloro, lauro = *dafina*
altro = *ido*
amare = *agàpire*
amico = *filo*
andare = *spotire*
appartenere al *firri* = *firriare*
avaro = *surcico*
avere = *abbivari*
baciare = *velare*
bambino = *pedi*
bello, bella = *calo, cala*
bere = *imbibbare*
bene = *calò*
brina = *yesima*
brutto = *cacos*
cacciare, togliere = *aparta*
campo, orto = *scolu*
cane = *felò*
canna = *tunda*
cannone = *rimbombo*
capo, capitano = *principio*
capra = *magretta*
carcere = *casanza*
casa = *spite*
castello = *oppidu*
che = *de*
chi = *cu*

chiave = clavia
cinque = quiche
coltello = zaccagna
comignolo = curunali
compagno = yermano
compiere, fare = mastriare
con = co
croce = crucis
dentro = inspite
desiderio = cramazia
Dio = Pato
di, dello, della,
delle, degli = ca
dieci = dica
disprezzare = abburrare
dito = iuto
dividere = sdoprare
donare, dare, regalare = dungare
dormire = ronnare
dritto = destru
due = des
e = e
egli = edo
elemento = sol
erba = virda
essere = essere
essi = idoini
estraneo alla famiglia = foresto o contrasto
fare la guardia = palare
fare la spia = pamare
fare paura = istringere
fare i percorsi di conoscenza = attivare
figlio = pedìu
fiorire, nascere = iuntare

fiume, torrente =   *domino*
fresco =   *brivo*
fucile =   *fochiera*
furto =   *gratto*
gallina =   *cipulla*
garbo, armonia =   *delo*
gatto =   *diavò*
giorno =   *mere*
giurare =   *orcarìari*
giusto =   *yustu*
gratitudine =   *obbiatire*
il, lo, la =   *u, a*
in =   *into*
ignoto =   *unsato*
io =   *i*
lato =   *ianco*
lontano =   *escà*
lucciola =   *piroca*
maiale =   *bonoso*
male =   *calò*
mangiare =   *sboccare*
mano =   *ado*
mare =   *frio*
mezzo =   *medo*
mille =   *undre*
mio,mia,mie,miei =   *me*
miseria , fame =   *pionica*
mistero =   *unso*
montagna =   *oscìa*
morire =   *risinare*
morto =   *risinatu*
mucca =   *bramante*
nessuno =   *nullo*
noi =   *nostroina*

non, no =	*non , unz*
nostro, nostra, nostre, nostri =	*nostroina*
notte =	*nicta*
nove =	*novia*
numero =	*primordo*
olmo =	*urmo*
onore =	*scotì*
onorare =	*scotìre*
padre =	*patri*
paese =	*corio*
pane =	*vito*
palo =	*paluci*
parola =	*loga*
parlare =	*logare*
paura =	*stringere*
pazzo =	*falotecu*
per =	*pi*
perché, giacché =	*sipe*
perfetto =	*togo*
piccolo =	*ninno*
piede =	*ortò*
pistola =	*sidera*
possa essere =	*sarripozza*
potenza, forza =	*supira*
povertà =	*indigenzia*
prendere =	*pisire*
profano =	*bebelo*
profumare =	*rosare*
pugnale =	*ferro*
quadro, quadrato =	*lato*
quanto =	*cato*
quattro =	*quatra*
questo =	*chestu*

quello =	*chedu*
restare =	*remagnere*
ricchezza =	*copiata*
riposo =	*camazzina*
risultato =	*esto*
riunire =	*formare*
rubare =	*grattare*
sacro =	*iero*
saggezza =	*bonavucca*
sapere =	*gnosare*
scorza, buccia =	*guda*
se =	*se*
serpente , drago =	*parasaula*
si =	*si*
silenzio =	*sittìo*
solo =	*zeu*
somma =	*tata*
sorvegliare =	*campisiari*
spada, sciabola =	*ferrone*
spione, infame	*pamo*
stesso, uguale =	*paru*
suo, sua,suoi,sue =	*so*
tanto =	*banto*
terzo =	*triedo*
tre =	*trie*
triangolo =	*triectos*
triangolo perfetto =	*tetraktys*
trovare =	*cognire*
tu e voi =	*vostroiina*
tutto =	*sanu*
ubriaco =	*zambato*
un, una =	*no, na*
insieme =	*anita*
vallone , forra =	*cavurru*

venti = *vinta*
vino = *gioioso*
vita = *zoi*
volta = *vuta*
vostro,vostra,
vostre,vostri = *vostroina*

Finito di stampare nel mese di Maggio 2013
per conto di Youcanprint *Self - Publishing*

www.ingramcontent.com/pod-product-compliance
Lightning Source LLC
Chambersburg PA
CBHW051650040426
42446CB00009B/1067